Almanaque da Lua

Se você é uma daquelas pessoas que acreditam que o universo funciona segundo um plano bem-definido, em que todos os indivíduos têm a chance de alcançar o sucesso conforme o seu grau de compreensão e esforço, faça a sua parte e rume para esse objetivo. Queremos que o *Almanaque da Lua* sirva para você como um guia para essa vitória.

O leitor habitual do nosso Almanaque notará algumas mudanças este ano; mas achamos que ele continua sendo um instrumento muito útil e fácil de consultar, com artigos mais profundos, mais variados e abrangentes e com todas as informações necessárias para você lidar com as emoções, regidas pela Lua. A situação do mundo pode continuar caótica, mas, se você usar a informação contida aqui, poderá reagir melhor aos acontecimentos. Tire o melhor proveito do que a vida lhe oferece consultando o *Almanaque da Lua 2004*.

Como Usar o Almanaque

Este Almanaque único serve para consultas rápidas. Use-o para descobrir as melhores datas para tudo, desde desenvolver a própria empresa até planejar o melhor cardápio para emagrecer.

Incluímos neste Almanaque dicas originais relacionadas com beleza e saúde, com espiritualidade, com magia lunar e muito mais. Esperamos que você as ache úteis. Se tem sugestões a fazer sobre outras atividades que gostaria que acrescentássemos ao Almanaque, escreva para nós, no endereço apresentado neste exemplar.

As datas indicadas neste Almanaque são determinadas pelo signo e fase da Lua e também pelos aspectos formados pela Lua. Essas datas, no entanto, são apenas aproximadas.

Eliminamos as datas dos eclipses e os dias que apresentam muitas quadraturas com a Lua, pois as quadraturas podem anular as influências "boas" do dia, enquanto os eclipses lhe conferem uma energia imprevisível, o que poderia gerar expectativas em torno das previsões que talvez nunca se concretizem.

Ao consultar o Almanaque, lembre-se de que às vezes as datas apresentadas podem não ser favoráveis ao seu signo lunar ou ao seu interesse particular. O *Almanaque da Lua* não levou em conta fatores pessoais, assim como seu signo solar ou lunar, seus compromissos, etc. Por isso é importante que você saiba como tirar melhor proveito deste Almanaque a fim de descobrir as datas mais benéficas para si mesmo. Para fazer isso, leia as instruções na seção "Como Usar as Tábuas Lunares". Dessa maneira, você saberá beneficiar-se ao máximo do poder da Lua!

Descubra o seu Signo Lunar

O Sistema de Grant Lewi (simplificado)

1. Encontre o ano do seu nascimento na Tábua dos Números-Base (pp. 4-14).
2. Confira as duas primeiras colunas da esquerda e veja se seu mês e dia de nascimento constam da tabela.
3. Se constarem, acompanhe essa linha horizontal até chegar à coluna do seu ano de nascimento. Aí encontrará um número que será o seu número-base. Anote-o e localize-o na Tábua Natal (p. 3). Então você saberá qual seu signo lunar e a quantos graus sua Lua está desse signo. Exemplo: Alguém, que tenha nascido no dia 8 de janeiro de 1932, encontrará o número-base 294. Consultando a Tábua Natal, essa pessoa descobrirá que sua Lua está a 24 graus de Capricórnio, pois, na coluna da esquerda, ela achará o grau em que a Lua está e, no alto da coluna, o signo da sua Lua.
4. Se não constarem, pegue lápis e papel. Consulte a coluna dos dias de nascimento, na Tábua dos Números-Base, e verifique qual a data mais próxima à sua; corra o dedo por essa linha até chegar ao ano do seu nascimento. Anote o número que encontrar e dê a ele o nome de "número principal". Tendo feito isso, escreva na sua folha de papel o número que se encontra acima dele na tabela. Dê a ele o nome de "número secundário". Subtraia o "número secundário" do "número principal". Se o segundo for menor do que o primeiro, adicione ao número principal 360 e faça a subtração. Ao resultado dê o nome de "diferença".
5. Volte à segunda coluna da esquerda e veja qual é o dia anterior ao que você escolheu como data aproximada do nascimento. Calcule o número de dias entre essa data e o dia do nascimento. Anote o resultado e dê a ele o nome de "dias intermediários".
6. Anote agora em que grupo está a sua diferença (encontrada no item 4). Se a sua diferença estiver entre 80 e 87, o movimento diário da sua Lua é de 12 graus. Se estiver entre 88 e 94, seu movimento diário é de 13 graus. Se estiver entre 95 e 101, seu movimento diário é de 14 graus. Se estiver entre 102 e 106, seu movimento diário é de 15 graus. (Obs.: *Se você nasceu num ano bissexto e usar a diferença entre 26 de fevereiro e 5 de março, o movimento diário será ligeiramente diferente*. Se esse for o seu caso e sua diferença estiver entre 94 e 99, seu movimento diário é de 12 graus. Se estiver entre 100 e 108, seu movimento diário é de 13 graus. Se estiver entre 109 e 115, seu movimento diário é de 14 graus. Se estiver entre 116 e 122, seu movimento diário é de 15 graus.)
7. Anote o seu "movimento diário" de acordo com as instruções acima e multiplique pelo número intitulado "dias intermediários" (encontrado no item 5).
8. Some o resultado que encontrou com o seu "número secundário" (encontrado no item 4). Esse é o seu número-base. Se ele for maior que 360, subtraia os 360 e considere o resultado o número-base. Exemplo: Alguém que tenha nascido no dia 20 de abril de 1999 irá à coluna dos dias de nascimento, na Tábua dos Números-Base, e verificará a data mais próxima à sua: dia 23 de abril; correndo o dedo por essa linha até chegar o ano do nascimento, essa pessoa encontrará o "número principal" 132. O "número secundário", que se encontra logo acima dele na tabela, é 31. Subtraindo o número secundário do número principal ela obterá o resultado 101, que é a "diferença". Voltando à segunda coluna da esquerda, ela verificará que o número anterior ao dia escolhido como data aproximada é 16 e a diferença de dias entre essa data e o dia do nascimento é 4. Portanto, 4 são os dias intermediários. A "diferença" encontrada no item 4 está entre 95 e 101, portanto, o movimento diário da Lua é de 14 graus. A multiplicação do número de dias intermediários (4) pelo movimento diário (14 graus) resulta em 56. A soma de 56 ao "número secundário" (31) resulta em 87. Consultando a Tábua Natal essa pessoa verá que a sua Lua está a 27 graus de Gêmeos.

Tábua Natal

	♈	♉	♊	♋	♌	♍	♎	♏	♐	♑	♒	♓
0°	0	30	60	90	120	150	180	210	240	270	300	330
1°	1	31	61	91	121	151	181	211	241	271	301	331
2°	2	32	62	92	122	152	182	212	242	272	302	332
3°	3	33	63	93	123	153	183	213	243	273	303	333
4°	4	34	64	94	124	154	184	214	244	274	304	334
5°	5	35	65	95	125	155	185	215	245	275	305	335
6°	6	36	66	96	126	156	186	216	246	276	306	336
7°	7	37	67	97	127	157	187	217	247	277	307	337
8°	8	38	68	98	128	158	188	218	248	278	308	338
9°	9	39	69	99	129	159	189	219	249	279	309	339
10°	10	40	70	100	130	160	190	220	250	280	310	340
11°	11	41	71	101	131	161	191	221	251	281	311	341
12°	12	42	72	102	132	162	192	222	252	282	312	342
13°	13	43	73	103	133	163	193	223	253	283	313	343
14°	14	44	74	104	134	164	194	224	254	284	314	344
15°	15	45	75	105	135	165	195	225	255	285	315	345
16°	16	46	76	106	136	166	196	226	256	286	316	346
17°	17	47	77	107	137	167	197	227	257	287	317	347
18°	18	48	78	108	138	168	198	228	258	288	318	248
19°	19	49	79	109	139	169	199	229	259	289	319	349
20°	20	50	80	110	140	170	200	230	260	290	320	350
21°	21	51	81	111	141	171	201	231	261	291	321	351
22°	22	52	82	112	142	172	202	232	262	292	322	352
23°	23	53	83	113	143	173	203	233	263	293	323	353
24°	24	54	84	114	144	174	204	234	264	294	324	354
25°	25	55	85	115	145	175	205	235	265	295	325	355
26°	26	56	86	116	146	176	206	236	266	296	326	356
27°	27	57	87	117	147	177	207	237	267	297	327	357
28°	28	58	88	118	148	178	208	238	268	298	328	358
29°	29	59	89	119	149	179	209	239	269	299	329	359

Tábua dos Números-Base 1901-1910

Mês	Dia	1901	1902	1903	1904	1905	1906	1907	1908	1909	1910
Jan.	1	55	188	308	76	227	358	119	246	39	168
Jan.	8	149	272	37	179	319	82	208	350	129	252
Jan.	15	234	2	141	270	43	174	311	81	213	346
Jan.	22	327	101	234	353	138	273	44	164	309	84
Jan.	29	66	196	317	84	238	6	128	255	50	175
Fev.	5	158	280	46	188	328	90	219	359	138	259
Fev.	12	241	12	149	279	51	184	319	90	221	356
Fev.	19	335	111	242	2	146	283	52	173	317	94
Fev.	26	76	204	326	92	248	13	136	264	60	184
Mar.	5	166	288	57	211	336	98	229	21	147	267
Mar.	12	249	22	157	300	60	194	328	110	230	5
Mar.	19	344	121	250	24	154	293	60	195	325	105
Mar.	26	86	212	334	116	258	22	144	288	69	192
Abr.	2	175	296	68	219	345	106	240	29	155	276
Abr.	9	258	31	167	309	69	202	338	118	240	13
Abr.	16	352	132	258	33	163	304	68	204	334	115
Abr.	23	96	220	342	127	267	31	152	299	77	201
Abr.	30	184	304	78	227	354	114	250	38	164	285
Mai.	7	267	40	177	317	78	210	348	126	249	21
Mai.	14	1	142	266	42	172	313	76	212	344	124
Mai.	21	104	229	350	138	275	40	160	310	85	210
Mai.	28	193	313	87	236	2	123	259	47	172	294
Jun.	4	277	48	187	324	88	219	358	134	258	30
Jun.	11	11	151	275	50	182	322	85	220	355	132
Jun.	18	112	238	359	149	283	48	169	320	93	218
Jun.	25	201	322	96	245	11	133	267	57	180	304
Jul.	2	286	57	197	333	97	228	8	142	267	40
Jul.	9	21	160	283	58	193	330	94	228	6	140
Jul.	16	121	247	7	159	291	57	178	330	102	226
Jul.	23	209	332	105	255	18	143	276	66	188	314
Jul.	30	295	66	206	341	105	239	17	151	275	51
Ago.	6	32	168	292	66	204	338	103	237	17	148
Ago.	13	130	255	17	168	301	65	188	339	111	234
Ago.	20	217	341	113	265	27	152	285	76	197	323
Ago.	27	303	77	215	350	113	250	25	160	283	62
Set.	3	43	176	301	75	215	346	111	246	27	157
Set.	10	139	263	27	176	310	73	198	347	121	242
Set.	17	225	350	123	274	35	161	294	85	205	331
Set.	24	311	88	223	358	122	261	33	169	292	73
Out.	1	53	185	309	85	224	355	119	256	35	166
Out.	8	149	271	36	185	320	81	207	356	130	250
Out.	15	233	359	133	283	44	169	305	93	214	339
Out.	22	319	99	231	7	130	271	42	177	301	83
Out.	29	62	194	317	95	233	5	127	266	44	176
Nov.	5	158	279	45	193	329	89	216	5	139	259
Nov.	12	242	6	144	291	53	177	316	101	223	347
Nov.	19	328	109	239	15	140	280	50	185	311	91
Nov.	26	70	203	325	105	241	14	135	276	52	185
Dez.	3	168	288	54	203	338	98	224	15	148	268
Dez.	10	251	14	155	299	61	185	327	109	231	356
Dez.	17	338	118	248	23	150	289	59	193	322	99
Dez.	24	78	213	333	115	249	23	143	286	61	194
Dez.	31	176	296	61	213	346	107	232	26	155	277

Tábua dos Números-Base 1911-1920

Mês	Dia	1911	1912	1913	1914	1915	1916	1917	1918	1919	1920
Jan.	1	289	57	211	337	100	228	23	147	270	39
Jan.	8	20	162	299	61	192	332	110	231	5	143
Jan.	15	122	251	23	158	293	61	193	329	103	231
Jan.	22	214	335	120	256	23	145	290	68	193	316
Jan.	29	298	66	221	345	108	237	32	155	278	49
Fev.	5	31	170	308	69	203	340	118	239	16	150
Fev.	12	130	260	32	167	302	70	203	338	113	239
Fev.	19	222	344	128	266	31	154	298	78	201	325
Fev.	26	306	75	231	353	116	248	41	164	286	60
Mar.	5	42	192	317	77	214	2	127	248	26	172
Mar.	12	140	280	41	176	311	89	212	346	123	259
Mar.	19	230	5	136	276	39	176	308	87	209	346
Mar.	26	314	100	239	2	124	273	49	173	294	85
Abr.	2	52	200	326	86	223	10	135	257	35	181
Abr.	9	150	288	51	184	321	97	222	355	133	267
Abr.	16	238	14	146	286	48	184	318	96	218	355
Abr.	23	322	111	247	11	132	284	57	181	303	96
Abr.	30	61	208	334	96	232	19	143	267	43	190
Mai.	7	160	296	60	192	331	105	231	4	142	275
Mai.	14	246	22	156	294	56	192	329	104	227	3
Mai.	21	331	122	255	20	141	294	66	190	312	105
Mai.	28	69	218	342	106	240	29	151	277	51	200
Jun.	4	170	304	69	202	341	114	240	14	151	284
Jun.	11	255	30	167	302	65	200	340	112	235	11
Jun.	18	340	132	264	28	151	304	74	198	322	114
Jun.	25	78	228	350	115	249	39	159	286	60	209
Jul.	2	179	312	78	212	349	122	248	25	159	293
Jul.	9	264	39	178	310	74	209	350	120	244	20
Jul.	16	349	141	273	36	161	312	84	206	332	123
Jul.	23	87	237	358	125	258	48	168	295	70	218
Jul.	30	187	321	86	223	357	131	256	36	167	302
Ago.	6	272	48	188	319	82	219	360	129	252	31
Ago.	13	359	150	282	44	171	320	93	214	342	131
Ago.	20	96	246	6	133	268	57	177	303	81	226
Ago.	27	195	330	94	234	5	140	265	46	175	310
Set.	3	281	57	198	328	90	229	9	138	260	41
Set.	10	9	158	292	52	180	329	102	222	351	140
Set.	17	107	255	15	141	279	65	186	312	91	234
Set.	24	203	339	103	244	13	149	274	56	184	319
Out.	1	288	68	206	337	98	240	17	148	268	52
Out.	8	18	167	301	61	189	338	111	231	360	150
Out.	15	118	263	24	149	290	73	195	320	102	242
Out.	22	212	347	113	254	22	157	284	65	193	326
Out.	29	296	78	214	346	106	250	25	157	276	61
Nov.	5	26	177	309	70	197	348	119	240	7	161
Nov.	12	129	271	33	158	300	81	203	329	112	250
Nov.	19	221	355	123	262	31	164	295	73	202	334
Nov.	26	305	88	223	355	115	259	34	165	285	70
Dez.	3	34	187	317	79	205	359	127	249	16	171
Dez.	10	138	279	41	168	310	89	211	340	120	259
Dez.	17	230	3	134	270	40	172	305	81	211	343
Dez.	24	313	97	232	3	124	267	44	173	294	78
Dez.	31	42	198	325	87	214	9	135	257	25	181

Tábua dos Números-Base 1921-1930

Mês	Dia	1921	1922	1923	1924	1925	1926	1927	1928	1929	1930
Jan.	1	194	317	80	211	5	127	250	23	176	297
Jan.	8	280	41	177	313	90	211	349	123	260	22
Jan.	15	4	141	275	41	175	312	86	211	346	123
Jan.	22	101	239	3	127	272	51	172	297	83	222
Jan.	29	203	325	88	222	13	135	258	34	184	306
Fev.	5	289	49	188	321	99	220	359	131	269	31
Fev.	12	14	149	284	49	185	320	95	219	356	131
Fev.	19	110	249	11	135	281	60	181	305	93	230
Fev.	26	211	334	96	233	21	144	266	45	191	314
Mar.	5	297	58	197	343	107	230	8	153	276	41
Mar.	12	23	157	294	69	194	328	105	238	6	140
Mar.	19	119	258	19	157	292	68	190	327	104	238
Mar.	26	219	343	104	258	29	153	275	70	200	323
Abr.	2	305	68	205	352	115	240	16	163	284	51
Abr.	9	33	166	304	77	204	337	114	247	14	149
Abr.	16	130	266	28	164	303	76	198	335	115	246
Abr.	23	227	351	114	268	38	161	285	79	208	331
Abr.	30	313	78	214	1	123	250	25	172	292	61
Mai.	7	42	176	313	85	212	348	123	256	23	160
Mai.	14	141	274	37	173	314	84	207	344	125	254
Mai.	21	236	359	123	277	47	169	295	88	217	339
Mai.	28	321	88	222	11	131	259	34	181	301	70
Jun.	4	50	186	321	94	220	358	131	264	31	171
Jun.	11	152	282	45	182	324	93	215	354	135	263
Jun.	18	245	7	134	285	56	177	305	96	226	347
Jun.	25	330	97	232	20	139	268	44	190	310	78
Jul.	2	58	197	329	103	229	9	139	273	40	181
Jul.	9	162	291	54	192	333	101	223	4	144	272
Jul.	16	254	15	144	294	65	185	315	104	236	355
Jul.	23	338	106	242	28	148	276	54	198	319	87
Jul.	30	67	208	337	112	238	20	147	282	49	191
Ago.	6	171	300	62	202	341	110	231	15	152	281
Ago.	13	264	24	153	302	74	194	324	114	244	4
Ago.	20	347	114	253	36	157	285	65	206	328	95
Ago.	27	76	218	346	120	248	29	156	290	59	200
Set.	3	179	309	70	213	350	119	239	25	161	290
Set.	10	273	32	162	312	83	203	332	124	252	13
Set.	17	356	122	264	44	166	293	75	214	337	105
Set.	24	86	227	354	128	258	38	165	298	70	208
Out.	1	187	318	78	223	358	128	248	35	169	298
Out.	8	281	41	170	322	91	212	340	134	260	23
Out.	15	5	132	274	52	175	303	85	222	345	115
Out.	22	97	235	3	136	269	46	174	306	81	216
Out.	29	196	327	87	232	7	137	257	44	179	307
Nov.	5	289	50	178	332	99	221	349	144	268	31
Nov.	12	13	142	283	61	183	313	93	231	353	126
Nov.	19	107	243	12	144	279	54	183	315	91	225
Nov.	26	206	335	96	241	17	145	266	52	189	314
Dez.	3	297	59	187	343	107	230	359	154	276	39
Dez.	10	21	152	291	70	191	324	101	240	1	137
Dez.	17	117	252	21	153	289	63	191	324	99	234
Dez.	24	216	343	105	249	28	152	275	60	199	322
Dez.	31	305	67	197	352	115	237	9	162	285	47

Tábua dos Números-Base 1931-1940

Mês	Dia	1931	1932	1933	1934	1935	1936	1937	1938	1939	1940
Jan.	1	60	196	346	107	231	8	156	277	41	181
Jan.	8	162	294	70	193	333	104	240	4	144	275
Jan.	15	257	20	158	294	68	190	329	104	239	360
Jan.	22	342	108	255	32	152	278	67	202	323	88
Jan.	29	68	207	353	116	239	19	163	286	49	191
Fev.	5	171	302	78	203	342	113	248	14	153	284
Fev.	12	267	28	168	302	78	198	339	113	248	8
Fev.	19	351	116	266	40	161	286	78	210	332	96
Fev.	26	77	217	1	124	248	29	171	294	59	200
Mar.	5	179	324	86	213	350	135	256	25	161	306
Mar.	12	276	48	176	311	86	218	347	123	256	29
Mar.	19	360	137	277	48	170	308	89	218	340	119
Mar.	26	86	241	10	132	258	52	180	302	69	223
Abr.	2	187	334	94	223	358	144	264	34	169	315
Abr.	9	285	57	185	321	95	227	355	133	264	38
Abr.	16	9	146	287	56	178	317	99	226	349	128
Abr.	23	96	250	18	140	268	61	189	310	80	231
Abr.	30	196	343	102	232	7	153	273	43	179	323
Mai.	7	293	66	193	332	103	237	4	144	272	47
Mai.	14	17	155	297	64	187	327	108	235	357	139
Mai.	21	107	258	28	148	278	69	198	318	90	239
Mai.	28	205	351	111	241	17	161	282	51	189	331
Jun.	4	301	75	201	343	111	245	13	154	280	55
Jun.	11	25	165	306	73	195	337	117	244	5	150
Jun.	18	117	267	37	157	288	78	207	327	99	248
Jun.	25	215	360	120	249	28	169	291	60	200	339
Jul.	2	309	84	211	353	119	254	23	164	289	64
Jul.	9	33	176	315	82	203	348	125	253	13	160
Jul.	16	126	276	46	165	297	87	216	336	108	258
Jul.	23	226	8	130	258	38	177	300	69	210	347
Jul.	30	317	92	221	2	128	262	33	173	298	72
Ago.	6	41	187	323	91	211	359	133	261	21	170
Ago.	13	135	285	54	175	305	97	224	346	116	268
Ago.	20	237	16	138	267	49	185	308	78	220	355
Ago.	27	326	100	232	10	136	270	44	181	307	80
Set.	3	49	197	331	100	220	8	142	270	31	179
Set.	10	143	295	62	184	314	107	232	355	125	278
Set.	17	247	24	147	277	58	194	317	89	228	4
Set.	24	335	108	243	18	145	278	55	189	316	88
Out.	1	58	206	341	108	229	17	152	278	40	188
Out.	8	151	306	70	193	322	117	240	4	134	288
Out.	15	256	32	155	287	66	203	324	100	236	13
Out.	22	344	116	253	27	154	287	64	198	324	98
Out.	29	68	214	350	116	239	25	162	286	49	196
Nov.	5	161	316	78	201	332	126	248	12	145	297
Nov.	12	264	41	162	298	74	212	333	111	244	22
Nov.	19	353	125	262	36	162	296	73	207	332	108
Nov.	26	77	222	0	124	248	33	172	294	58	205
Dez.	3	171	325	87	209	343	135	257	19	156	305
Dez.	10	272	50	171	309	82	220	341	120	253	30
Dez.	17	1	135	271	45	170	306	81	217	340	118
Dez.	24	86	231	10	132	256	43	181	302	66	214
Dez.	31	182	333	95	217	354	142	265	27	167	313

Tábua dos Números-Base 1941-1950

Mês	Dia	1941	1942	1943	1944	1945	1946	1947	1948	1949	1950
Jan.	1	325	88	211	353	135	258	22	165	305	68
Jan.	8	50	176	315	85	219	348	126	256	29	160
Jan.	15	141	276	50	169	312	87	220	340	123	258
Jan.	22	239	12	133	258	52	182	303	69	224	352
Jan.	29	333	96	221	2	143	266	32	174	314	75
Fev.	5	57	186	323	95	227	358	134	265	37	170
Fev.	12	150	285	58	178	320	96	228	349	131	268
Fev.	19	250	20	142	267	62	190	312	78	234	359
Fev.	26	342	104	231	11	152	274	43	182	323	83
Mar.	5	65	196	331	116	236	8	142	286	46	179
Mar.	12	158	295	66	199	328	107	236	10	139	279
Mar.	19	261	28	150	290	72	198	320	102	243	8
Mar.	26	351	112	242	34	161	281	53	204	332	91
Abr.	2	74	205	340	125	244	16	152	294	55	187
Abr.	9	166	306	74	208	337	117	244	19	148	289
Abr.	16	270	36	158	300	81	206	328	112	252	17
Abr.	23	360	120	252	42	170	290	63	212	340	100
Abr.	30	83	214	350	133	254	25	162	302	64	195
Mai.	7	174	316	82	217	346	127	252	27	158	299
Mai.	14	279	45	166	311	90	215	336	123	260	26
Mai.	21	9	128	261	50	179	299	72	221	349	110
Mai.	28	92	222	1	141	263	33	173	310	73	204
Jun.	4	184	326	91	226	356	137	261	36	168	307
Jun.	11	287	54	174	322	98	224	344	134	268	34
Jun.	18	17	137	270	60	187	308	81	231	357	119
Jun.	25	102	231	11	149	272	42	183	318	82	213
Jul.	2	194	335	99	234	7	145	269	44	179	316
Jul.	9	296	63	183	332	106	233	353	144	277	43
Jul.	16	25	147	279	70	195	318	89	241	5	129
Jul.	23	110	240	21	157	280	52	192	327	91	224
Jul.	30	205	343	108	242	18	153	278	52	190	324
Ago.	6	304	71	192	341	115	241	3	153	286	51
Ago.	13	33	156	287	80	203	327	98	251	13	138
Ago.	20	119	250	30	165	289	63	201	336	99	235
Ago.	27	216	351	117	250	28	162	287	61	200	332
Set.	3	314	80	201	350	125	249	13	161	296	59
Set.	10	41	165	296	90	211	336	108	260	21	146
Set.	17	127	261	39	174	297	74	209	345	107	246
Set.	24	226	359	126	259	38	170	295	70	209	341
Out.	1	323	88	211	358	135	257	22	170	306	67
Out.	8	49	174	306	99	220	344	118	269	30	154
Out.	15	135	272	47	183	305	84	217	353	116	256
Out.	22	236	8	134	269	47	180	303	80	217	351
Out.	29	333	95	220	7	144	265	31	179	315	75
Nov.	5	58	181	317	107	229	352	129	277	39	162
Nov.	12	143	283	55	192	314	94	225	1	125	265
Nov.	19	244	18	141	279	55	189	311	90	225	0
Nov.	26	343	104	229	16	153	274	39	189	323	84
Dez.	3	67	189	328	115	237	360	140	284	47	171
Dez.	10	153	292	64	200	324	103	234	9	136	274
Dez.	17	252	28	149	289	63	199	319	100	234	9
Dez.	24	351	112	237	27	161	282	47	199	331	93
Dez.	31	76	198	338	123	246	9	150	293	55	180

Tábua dos Números-Base 1951-1960

Mês	Dia	1951	1952	1953	1954	1955	1956	1957	1958	1959	1960
Jan.	1	194	336	115	238	6	147	285	47	178	317
Jan.	8	297	67	199	331	107	237	9	143	278	47
Jan.	15	30	150	294	70	200	320	104	242	9	131
Jan.	22	114	240	35	161	284	51	207	331	94	223
Jan.	29	204	344	124	245	17	155	294	55	189	325
Fev.	5	305	76	207	341	116	246	18	152	287	56
Fev.	12	38	159	302	80	208	330	112	252	17	140
Fev.	19	122	249	45	169	292	61	216	340	102	233
Fev.	26	215	352	133	253	27	163	303	63	199	333
Mar.	5	314	96	216	350	125	266	27	161	297	75
Mar.	12	46	180	310	91	216	351	121	262	25	161
Mar.	19	130	274	54	178	300	86	224	349	110	259
Mar.	26	225	14	142	262	37	185	312	72	208	356
Abr.	2	324	104	226	358	135	274	37	169	307	83
Abr.	9	54	189	319	100	224	360	131	271	34	170
Abr.	16	138	285	62	187	308	97	232	357	118	269
Abr.	23	235	23	150	271	46	194	320	82	217	5
Abr.	30	334	112	235	6	146	282	48	177	317	91
Mai.	7	62	197	330	109	232	8	142	279	42	177
Mai.	14	146	296	70	196	316	107	240	6	127	279
Mai.	21	243	32	158	280	54	204	328	91	225	15
Mai.	28	344	120	244	15	155	290	55	187	326	100
Jun.	4	71	205	341	117	241	16	153	288	51	186
Jun.	11	155	306	79	204	325	117	249	14	137	288
Jun.	18	252	42	166	290	63	214	336	101	234	25
Jun.	25	354	128	253	26	164	298	63	198	335	109
Jul.	2	80	214	351	125	250	24	164	296	60	195
Jul.	9	164	315	88	212	335	126	259	22	147	297
Jul.	16	260	52	174	299	72	223	344	110	243	34
Jul.	23	3	137	261	37	173	307	71	209	343	118
Jul.	30	89	222	2	134	258	33	174	304	68	205
Ago.	6	174	324	97	220	345	134	268	30	156	305
Ago.	13	270	62	182	308	82	232	353	118	254	42
Ago.	20	11	146	269	48	181	316	79	220	351	126
Ago.	27	97	232	11	143	267	43	183	314	76	215
Set.	3	184	332	107	228	355	143	278	38	166	314
Set.	10	280	71	191	316	92	241	2	127	265	50
Set.	17	19	155	278	58	189	325	88	230	359	135
Set.	24	105	242	20	152	274	54	191	323	84	225
Out.	1	193	341	116	237	4	152	287	47	174	324
Out.	8	291	79	200	324	103	249	11	135	276	58
Out.	15	27	163	287	68	198	333	98	239	8	143
Out.	22	113	252	28	162	282	64	199	332	92	235
Out.	29	201	350	125	245	12	162	295	56	182	334
Nov.	5	302	87	209	333	114	256	19	144	286	66
Nov.	12	36	171	297	76	207	341	109	247	17	150
Nov.	19	121	262	37	171	291	73	208	341	101	244
Nov.	26	209	0	133	254	20	173	303	65	190	345
Dez.	3	312	95	217	342	124	265	27	154	295	75
Dez.	10	45	179	307	84	216	348	119	255	27	158
Dez.	17	129	271	46	180	299	82	218	350	110	252
Dez.	24	217	11	141	263	28	184	311	73	199	355
Dez.	31	321	103	225	352	132	273	35	164	303	84

Tábua dos Números-Base 1961-1970

Mês	Dia	1961	1962	1963	1964	1965	1966	1967	1968	1969	1970
Jan.	1	96	217	350	128	266	27	163	298	76	197
Jan.	8	179	315	89	217	350	126	260	27	161	297
Jan.	15	275	54	179	302	86	225	349	112	257	36
Jan.	22	18	141	264	35	189	311	74	207	359	122
Jan.	29	105	225	1	136	275	35	173	306	85	206
Fev.	5	188	323	99	225	360	134	270	35	171	305
Fev.	12	284	64	187	310	95	235	357	121	267	45
Fev.	19	26	150	272	46	197	320	81	218	7	130
Fev.	26	113	234	11	144	283	45	182	315	93	216
Mar.	5	198	331	109	245	9	142	280	54	180	313
Mar.	12	293	73	195	332	105	244	5	142	277	54
Mar.	19	34	159	280	71	205	329	90	243	15	139
Mar.	26	122	243	19	167	291	54	190	338	101	226
Abr.	2	208	340	119	253	18	151	290	63	189	323
Abr.	9	303	82	204	340	116	252	14	150	288	62
Abr.	16	42	167	288	81	213	337	99	253	23	147
Abr.	23	130	253	28	176	299	64	198	347	109	235
Abr.	30	216	349	128	261	27	161	298	71	197	333
Mai.	7	314	90	213	348	127	260	23	158	299	70
Mai.	14	51	176	298	91	222	345	109	262	32	155
Mai.	21	137	263	36	186	307	74	207	357	117	245
Mai.	28	225	359	137	270	35	172	307	80	205	344
Jun.	4	325	98	222	357	137	268	31	168	309	78
Jun.	11	60	184	308	99	231	353	119	270	42	163
Jun.	18	146	272	45	195	315	82	217	6	126	253
Jun.	25	233	10	145	279	43	183	315	89	214	355
Jul.	2	336	106	230	6	147	276	40	178	318	87
Jul.	9	70	191	318	108	241	1	129	279	51	171
Jul.	16	154	281	56	204	324	91	227	14	135	261
Jul.	23	241	21	153	288	52	193	323	98	223	5
Jul.	30	345	115	238	16	156	286	47	188	327	97
Ago.	6	79	200	327	116	250	10	138	288	60	180
Ago.	13	163	289	66	212	333	99	238	22	144	270
Ago.	20	250	32	161	296	61	203	331	106	233	14
Ago.	27	353	124	246	27	164	295	55	199	335	106
Set.	3	88	208	336	126	259	19	147	297	68	189
Set.	10	172	297	77	220	342	108	249	30	152	279
Set.	17	260	41	170	304	72	212	340	114	244	23
Set.	24	1	134	254	37	172	304	64	208	344	115
Out.	1	97	217	344	136	267	28	155	308	76	198
Out.	8	180	306	88	228	351	117	259	38	161	289
Out.	15	270	50	179	312	82	220	350	122	254	31
Out.	22	10	143	262	47	182	313	73	217	353	123
Out.	29	105	226	352	146	275	37	163	318	84	207
Nov.	5	189	315	97	237	359	127	268	47	168	299
Nov.	12	281	58	188	320	93	228	359	130	264	39
Nov.	19	19	151	271	55	191	321	82	225	3	131
Nov.	26	113	235	1	157	282	45	172	328	92	215
Dez.	3	197	326	105	245	7	138	276	55	176	310
Dez.	10	291	66	197	328	102	237	7	139	273	48
Dez.	17	30	159	280	63	202	329	91	234	13	139
Dez.	24	121	243	11	167	291	53	183	337	101	223
Dez.	31	204	336	113	254	14	149	284	64	184	320

Tábua dos Números-Base 1971-1980

Mês	Dia	1971	1972	1973	1974	1975	1976	1977	1978	1979	1980
Jan.	1	335	109	246	8	147	279	56	179	318	90
Jan.	8	71	197	332	108	243	6	144	278	54	176
Jan.	15	158	283	69	207	328	93	240	18	139	263
Jan.	22	244	20	169	292	54	192	339	102	224	4
Jan.	29	344	117	255	17	156	288	64	188	327	99
Fev.	5	81	204	342	116	253	14	153	287	63	184
Fev.	12	167	291	79	216	337	101	251	26	147	271
Fev.	19	252	31	177	300	62	203	347	110	233	14
Fev.	26	353	126	263	27	164	297	72	199	334	109
Mar.	5	91	224	351	124	262	34	162	296	72	204
Mar.	12	176	312	90	224	346	122	262	34	156	203
Mar.	19	261	55	185	309	72	226	356	118	243	37
Mar.	26	1	149	270	37	172	320	80	208	343	130
Abr.	2	100	233	360	134	270	43	170	307	80	213
Abr.	9	184	320	101	232	355	131	273	42	164	302
Abr.	16	271	64	194	317	82	235	5	126	254	46
Abr.	23	9	158	278	47	181	329	88	217	352	139
Abr.	30	109	242	8	145	278	52	178	318	88	222
Mai.	7	193	329	111	240	3	141	282	50	173	312
Mai.	14	281	73	203	324	92	243	14	134	264	54
Mai.	21	19	167	287	55	191	337	97	226	3	147
Mai.	28	117	251	16	156	286	61	187	328	96	231
Jun.	4	201	339	120	249	11	151	291	59	180	323
Jun.	11	291	81	213	333	102	252	23	143	273	63
Jun.	18	29	176	296	64	201	346	106	234	13	155
Jun.	25	125	260	25	167	295	69	196	338	105	239
Jul.	2	209	349	129	258	19	162	299	68	188	334
Jul.	9	300	90	222	341	111	261	32	152	282	72
Jul.	16	40	184	305	72	212	354	115	243	24	163
Jul.	23	133	268	35	176	303	78	206	347	114	248
Jul.	30	217	0	137	267	27	172	308	77	197	344
Ago.	6	309	99	230	350	120	271	40	161	290	83
Ago.	13	51	192	314	81	223	2	124	252	34	171
Ago.	20	142	276	45	185	312	86	217	356	123	256
Ago.	27	225	10	146	276	36	182	317	86	206	353
Set.	3	317	109	238	360	128	281	48	170	299	93
Set.	10	61	200	322	90	232	10	132	262	43	180
Set.	17	151	284	56	193	321	94	228	4	132	264
Set.	24	234	20	155	284	45	191	326	94	215	2
Out.	1	325	120	246	9	136	291	56	179	308	103
Out.	8	70	208	330	101	241	19	140	273	51	189
Out.	15	160	292	66	202	330	102	238	12	140	273
Out.	22	243	28	165	292	54	199	336	102	225	10
Out.	29	334	130	254	17	146	301	64	187	318	112
Nov.	5	79	217	338	112	249	27	148	284	59	197
Nov.	12	169	300	76	210	339	111	247	21	148	282
Nov.	19	253	36	175	300	63	207	347	110	234	18
Nov.	26	344	139	262	25	156	310	73	195	329	120
Dez.	3	87	226	346	122	257	36	157	294	67	206
Dez.	10	177	310	84	220	347	121	255	31	156	292
Dez.	17	261	45	185	308	72	216	356	118	242	28
Dez.	24	355	148	271	33	167	318	81	203	340	128
Dez.	31	95	235	355	132	265	44	166	303	76	214

Tábua dos Números-Base 1981-1990

Mês	Dia	1981	1982	1983	1984	1985	1986	1987	1988	1989	1990
Jan.	1	226	350	129	260	36	162	300	71	205	333
Jan.	8	315	89	225	346	126	260	36	156	297	72
Jan.	15	53	188	309	73	225	358	119	243	37	168
Jan.	22	149	272	35	176	319	82	206	348	129	252
Jan.	29	234	0	137	270	43	172	308	81	213	343
Fev.	5	324	98	234	354	135	270	44	164	306	82
Fev.	12	64	196	317	81	236	6	128	252	48	175
Fev.	19	157	280	45	185	328	90	217	356	138	260
Fev.	26	242	10	145	279	51	182	316	90	222	353
Mar.	5	332	108	242	15	143	280	52	185	313	93
Mar.	12	74	204	326	104	246	14	136	275	57	184
Mar.	19	166	288	55	208	337	97	227	19	147	268
Mar.	26	250	20	154	300	60	191	326	111	230	1
Abr.	2	340	119	250	24	151	291	60	194	322	103
Abr.	9	84	212	334	114	255	22	144	286	66	192
Abr.	16	175	296	66	216	346	106	237	27	156	276
Abr.	23	259	28	164	309	69	199	336	119	240	9
Abr.	30	349	130	258	33	160	302	68	203	331	113
Mai.	7	93	221	342	124	264	31	152	297	75	201
Mai.	14	184	304	75	225	355	114	246	36	165	285
Mai.	21	268	36	175	317	78	207	347	127	249	18
Mai.	28	358	140	266	41	170	311	76	211	341	122
Jun.	4	102	230	350	135	272	40	160	307	83	210
Jun.	11	193	313	84	234	3	123	255	45	173	294
Jun.	18	277	45	185	325	87	216	357	135	258	27
Jun.	25	8	149	275	49	180	320	85	219	352	130
Jul.	2	110	239	359	146	281	49	169	317	92	219
Jul.	9	201	322	93	244	11	133	263	55	181	304
Jul.	16	286	54	196	333	96	225	7	143	266	37
Jul.	23	19	158	284	57	191	328	94	227	3	138
Jul.	30	119	248	7	155	290	57	178	327	101	227
Ago.	6	210	331	101	254	19	142	272	66	189	313
Ago.	13	294	64	205	341	104	236	16	152	274	48
Ago.	20	30	166	293	66	202	337	103	236	13	147
Ago.	27	128	256	17	164	299	65	187	335	111	235
Set.	3	218	340	110	264	27	151	281	75	197	321
Set.	10	302	75	214	350	112	247	24	160	282	59
Set.	17	40	174	302	74	212	345	112	245	23	156
Set.	24	138	264	26	172	309	73	197	343	121	243
Out.	1	226	349	119	274	36	159	292	84	206	329
Out.	8	310	86	222	359	120	258	32	169	291	70
Out.	15	50	183	310	84	220	354	120	255	31	165
Out.	22	148	272	35	181	319	81	206	352	130	251
Out.	29	234	357	130	282	44	167	303	92	214	337
Nov.	5	318	96	230	8	129	268	40	178	300	79
Nov.	12	58	193	318	93	229	4	128	265	39	175
Nov.	19	158	280	44	190	329	90	214	2	139	260
Nov.	26	243	5	141	290	53	175	314	100	223	345
Dez.	3	327	106	238	16	139	277	49	185	310	88
Dez.	10	66	203	326	103	237	14	136	274	48	185
Dez.	17	167	288	52	200	337	98	222	12	147	269
Dez.	24	252	13	152	298	62	184	324	108	232	355
Dez.	31	337	114	248	24	149	285	59	193	320	96

Tábua dos Números-Base 1991-2000

Mês	Dia	1991	1992	1993	1994	1995	1996	1997	1998	1999	2000
Jan.	1	111	242	15	145	281	53	185	317	92	223
Jan.	8	206	326	108	244	16	136	279	56	186	307
Jan.	15	289	54	210	337	99	225	21	147	270	37
Jan.	22	18	158	299	61	190	329	110	231	2	140
Jan.	29	119	252	23	155	290	62	193	326	101	232
Fev.	5	214	335	116	254	24	145	287	66	193	315
Fev.	12	298	63	220	345	108	235	31	155	278	47
Fev.	19	29	166	308	69	201	337	119	239	12	148
Fev.	26	128	260	32	164	299	70	202	335	111	240
Mar.	5	222	356	124	265	32	166	295	76	201	337
Mar.	12	306	87	229	354	116	259	39	164	285	72
Mar.	19	39	189	317	77	211	360	128	248	22	170
Mar.	26	138	280	41	172	310	90	212	343	121	260
Abr.	2	230	5	133	275	40	175	305	86	210	345
Abr.	9	314	98	237	3	123	270	47	173	294	83
Abr.	16	49	198	326	86	220	9	136	257	31	180
Abr.	23	148	288	50	180	320	98	221	351	132	268
Abr.	30	238	13	143	284	48	183	315	95	218	353
Mai.	7	322	109	245	12	132	281	55	182	302	93
Mai.	14	57	207	335	95	228	18	144	267	39	190
Mai.	21	158	296	59	189	330	106	230	1	141	276
Mai.	28	247	21	154	292	57	191	326	103	227	1
Jun.	4	330	119	253	21	141	291	64	190	311	102
Jun.	11	66	217	343	105	236	28	152	276	48	199
Jun.	18	168	304	68	199	340	114	238	11	150	285
Jun.	25	256	29	165	300	66	199	337	111	236	10
Jul.	2	339	129	262	29	150	300	73	198	321	111
Jul.	9	74	227	351	114	245	38	160	285	57	209
Jul.	16	177	313	76	210	348	123	246	22	158	293
Jul.	23	265	38	175	309	75	208	347	120	245	19
Jul.	30	349	137	272	37	160	308	83	206	331	119
Ago.	6	83	237	359	123	255	48	169	293	67	218
Ago.	13	186	322	84	221	356	132	254	33	166	302
Ago.	20	273	47	185	318	83	218	356	129	253	29
Ago.	27	358	146	282	45	169	317	93	214	340	128
Set.	3	93	246	7	131	265	56	177	301	78	226
Set.	10	194	331	92	231	4	141	263	43	174	311
Set.	17	281	56	194	327	91	228	5	138	261	39
Set.	24	8	154	292	53	178	326	102	223	349	137
Out.	1	104	254	16	139	276	64	186	310	89	234
Out.	8	202	339	101	241	13	149	273	53	183	319
Out.	15	289	66	202	337	99	238	13	148	269	49
Out.	22	16	164	301	61	187	336	111	231	357	148
Out.	29	115	262	25	148	287	72	195	318	100	242
Nov.	5	211	347	111	250	22	157	283	61	193	326
Nov.	12	297	76	211	346	107	247	22	157	277	58
Nov.	19	24	174	309	70	194	346	119	240	5	159
Nov.	26	126	270	33	156	297	80	203	328	109	251
Dez.	3	220	355	121	258	31	165	293	69	202	334
Dez.	10	305	85	220	355	115	256	31	165	286	67
Dez.	17	32	185	317	79	203	357	127	249	13	169
Dez.	24	135	278	41	166	306	89	211	338	117	260
Dez.	31	230	3	131	266	41	173	303	78	211	343

Tábua dos Números–Base 2001-2010

Mês	Dia	2001	2002	2003	2004	2005	2006	2007	2008	2009	2010
Jan.	1	355	128	263	33	165	300	74	203	336	111
Jan.	8	89	228	355	117	260	39	165	288	71	211
Jan.	15	193	317	79	209	4	127	249	20	174	297
Jan.	22	280	41	174	310	91	211	346	121	261	21
Jan.	29	4	137	273	42	175	308	84	211	345	119
Fev.	5	97	238	3	126	268	49	173	296	80	221
Fev.	12	202	326	87	219	12	136	257	31	182	306
Fev.	19	289	49	184	319	99	220	356	130	269	31
Fev.	26	13	145	283	49	184	316	94	219	355	127
Mar.	5	106	248	11	147	278	59	181	317	90	229
Mar.	12	210	334	95	244	20	145	265	56	190	315
Mar.	19	298	58	193	342	107	229	4	153	277	40
Mar.	26	23	153	293	69	193	325	104	239	4	136
Abr.	2	116	257	20	155	289	67	190	325	101	237
Abr.	9	218	343	104	255	28	154	274	67	198	323
Abr.	16	306	68	202	351	115	239	12	162	285	50
Abr.	23	32	162	303	77	202	334	114	247	12	146
Abr.	30	127	265	29	163	300	75	199	333	112	245
Mai.	7	226	352	113	264	37	162	284	76	207	331
Mai.	14	314	77	210	1	123	248	21	172	293	59
Mai.	21	40	173	312	86	210	345	122	256	20	157
Mai.	28	138	273	38	171	311	83	207	342	123	254
Jun.	4	235	0	122	273	46	170	294	84	217	339
Jun.	11	322	87	219	11	132	257	30	181	302	68
Jun.	18	48	183	320	95	218	356	130	265	29	168
Jun.	25	149	281	46	181	321	92	216	352	132	262
Jul.	2	245	8	132	281	56	178	304	93	227	347
Jul.	9	330	95	229	20	140	266	41	190	310	76
Jul.	16	56	195	328	104	227	7	138	274	38	179
Jul.	23	158	290	54	191	330	101	224	2	140	272
Jul.	30	254	16	142	290	65	186	313	101	236	356
Ago.	6	339	103	239	28	149	274	52	198	319	84
Ago.	13	65	205	336	112	236	17	147	282	47	188
Ago.	20	167	299	62	201	338	110	232	12	149	281
Ago.	27	264	24	151	299	74	194	321	111	245	5
Set.	3	348	112	250	36	158	282	63	206	328	93
Set.	10	74	215	345	120	246	26	156	290	58	197
Set.	17	176	309	70	211	347	120	240	22	157	290
Set.	24	273	33	159	309	83	203	330	122	253	14
Out.	1	356	120	261	44	167	291	73	214	336	103
Out.	8	84	224	354	128	256	34	165	298	68	205
Out.	15	184	318	78	220	355	129	248	31	167	299
Out.	22	281	42	167	320	91	212	338	132	261	23
Out.	29	5	129	271	52	175	301	82	222	344	113
Nov.	5	95	232	4	136	266	42	174	306	78	213
Nov.	12	193	327	87	229	5	137	257	40	177	307
Nov.	19	289	51	176	331	99	221	346	143	268	31
Nov.	26	13	139	280	61	183	312	91	231	352	123
Dez.	3	105	240	13	144	276	51	183	315	87	223
Dez.	10	203	335	96	237	15	145	267	48	188	315
Dez.	17	297	59	185	341	107	229	356	152	277	39
Dez.	24	21	150	288	70	190	322	98	240	0	134
Dez.	31	114	249	22	153	285	60	191	324	96	232

Os Signos da Lua

Grande parte do trabalho na agricultura é regida pelos signos do elemento Terra – Virgem, Capricórnio e Touro; e pelos signos do elemento Ar – Gêmeos, Aquário e Libra.

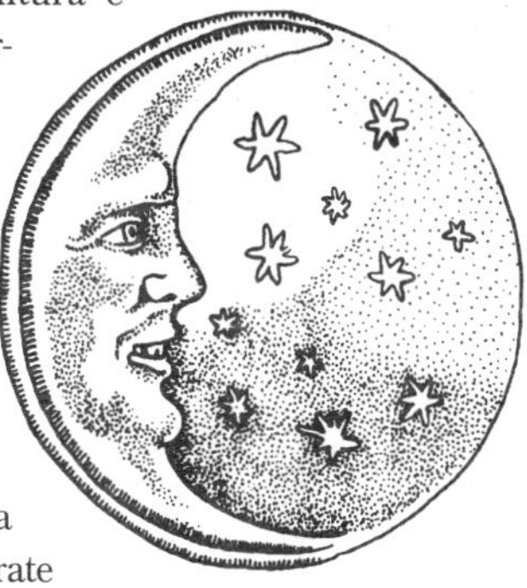

Cada planeta tem um ou dois signos em que suas características são particularmente enfatizadas ou "dignificadas" e diz-se que o planeta "rege" esse signo. Por exemplo, o Sol rege Leão e a Lua rege Câncer. O planeta regente de cada signo é apresentado abaixo; embora não se trate de uma lista completa, ela será muito útil ao leitor.

Lua em Áries

A energia de uma Lua em Áries é masculina, seca, estéril e ardente. Áries dá muita força de iniciativa, mas as coisas iniciadas nesse período podem ser o resultado de uma ação impulsiva à qual falta pesquisa ou o apoio necessário. Áries carece de poder de estabilidade.

Use esta Lua afirmativa, extrovertida para iniciar mudanças, mas mantenha o seu plano de ação até completar o processo, ou até encontrar alguém que o continue, se você ficar impaciente demais e voltar-se para outra coisa. Áries favorece trabalho que exija o uso hábil, embora não paciente, de ferramentas – martelar, cortar árvores, etc. Espere que as coisas aconteçam rapidamente, mas que passem depressa também. Se você tem tendência a ferimentos e acidentes, seja cauteloso e use o bom senso ao realizar tarefas relacionadas com a Lua em Áries.

Regente: Marte
Impulso: ação
Rege: a cabeça e o rosto
Plantas: aloé, botão-de-ouro e cardo-estrela
Lugares: grandes cidades, casas de esquina, aposentos que dão para o leste e o oeste, paredes que dão para o leste e entradas
Maior compatibilidade com: Gêmeos, Leão, Sagitário e Aquário

Lua em Touro

A energia da Lua em Touro é feminina, semifértil e terrena. A Lua está exaltada – é muito forte – em Touro. Touro é conhecido como o signo do fazendeiro devido às suas associações com a agricultura. Convém incorporar a energia de Touro em seus planos quando houver necessidade de paciência, praticabilidade e perseverança. No entanto, saiba que também pode haver teimosia nesse signo.

As coisas iniciadas com a Lua em Touro tendem a ter longa duração e a aumentar de valor. Essa energia pode ser um grande apoio na escolha de um parceiro para casar. Do lado contrário, a energia fixa deste signo resiste à mudança ou ao desapego até mesmo das situações mais difíceis. Um divórcio que siga um casamento ocorrido durante uma Lua em Touro pode ser problemático e difícil de terminar. As coisas começam a tornar-se um hábito difícil de mudar. Se você pretende fazer mudanças em algo que vai iniciar, é melhor esperar pela Lua em Gêmeos.

A Lua em Touro é um bom período para fazer um empréstimo. Mas as pessoas que cuidam do dinheiro são cautelosas e lentas ao tomar decisões nessa hora.

Regente: Vênus
Impulso: estabilidade
Rege: pescoço, garganta e voz
Plantas: columbina, margarida, prímula e violeta
Lugares: lugares tranqüilos, aposentos centrais, meio do quarteirão, campos, áreas paisagísticas perto de uma construção, cofres e depósitos
Maior compatibilidade com: Câncer, Virgem, Capricórnio e Peixes

Lua em Gêmeos

A energia da Lua em Gêmeos é masculina, seca, estéril e aérea. As pessoas são mais instáveis do que o normal e podem preferir lidar com o mundo intelectual e fazer jogos mentais em vez de esforçar-se em tarefas práticas.

Este signo não é favorável à agricultura, mas é um período excelente para preparar-se para atividades, para transmitir recados, escrever cartas, etc. Planeje usar a Lua em Gêmeos para trocar idéias, encontrar pessoas, tirar férias que incluam caminhadas e passeios de bicicleta, ou para enfrentar situações que requeiram versatilidade e raciocínio rápido.

Regente: Mercúrio
Impulso: versatilidade
Rege: ombros, mãos, braços, pulmões e sistema nervoso
Plantas: samambaias, lírios-do-vale, verbena e milefólio
Lugares: lugares altos, elevações naturais, estradas de todos os tipos, metrôs, escolas e aposentos no andar superior
Maior compatibilidade com: Áries, Leão, Aquário e Libra

Lua em Câncer

Em Câncer a energia da Lua é feminina, fértil, muito úmida e é considerada muito forte. Use este signo quando quiser fazer as coisas crescer – por exemplo, flores, frutos, vegetais, produtos, estoques ou coleções. Esse signo sensível estimula a sintonia entre as pessoas. É considerado o mais fértil dos signos, e muitas vezes é associado com a maternidade. Você pode usar o período da Lua em Câncer para fortalecer amizades pessoais que sustentem o mútuo crescimento.

Câncer é associado (por meio do elemento Água) às emoções e sentimentos. Uma ênfase na energia de Câncer promove o crescimento, mas também pode tornar as pessoas amuadas e com tendência a se recolher em suas conchas.

Regente: a Lua
Impulso: tenacidade
Rege: a área do peito, os seios e o estômago
Plantas: íris, loto, rosa branca, lírio-branco, dama-da-noite e plantas aquáticas
Lugares: perto da água, jardins, lugares sombreados, valas, cozinhas, salas de jantar, banheiros, celeiros, paredes que dão para o norte
Maior compatibilidade com: Virgem, Escorpião, Peixes, Touro e Leão

Lua em Leão

A energia da Lua em Leão é masculina, quente, seca, ardente e estéril. Use-a sempre que precisar fazer um espetáculo, uma apresentação ou entreter colegas ou convidados. Essa é uma energia orgulhosa mas brincalhona que destila autoconfiança e muitas vezes é associada ao romance.

Durante uma Lua em Leão o período é excelente para controlar recursos financeiros e para enfrentar situações que exijam uma atitude direta, franca e honesta. É aconselhável não colocar-se numa posição em que você precise da aprovação pública ou em que tenha de enfrentar ações fraudulentas, pois encrenca nesses âmbitos pode ser um dos piores traços de Leão. Há uma tendência de este signo tornar-se arrogante ou egocêntrico.

Regente: o Sol
Impulso: eu sou
Rege: coração, parte superior das costas
Plantas: margarida, endro, papoula, visco, girassol e açafrão
Lugares: ambientes ao ar livre, montanhas, salões de baile, castelos, salas de dança, florestas, estádios e aposentos ensolarados
Maior compatibilidade com: Áries, Libra, Gêmeos e Sagitário

Lua em Virgem

A energia da Lua em Virgem é feminina, seca, estéril, terrosa. Ela é favorável para tudo o que requeira atenção – especialmente aquelas coisas em que a exatidão é preferível à inovação.

Use este signo para atividades em que tenha de analisar a informação, ou quando você tiver de determinar o valor de alguma coisa. Virgem é o signo da caça às barganhas. É favorável aos assuntos relativos à agricultura com ênfase nos animais e na colheita de vegetais. É um período excelente para cuidar dos animais, especialmente para treiná-los e para o trabalho veterinário.

Este signo é mais benéfico quando as decisões já foram tomadas e só precisam ser executadas. Aqui a tendência é para ver os detalhes em vez de ver todo o quadro.

Neste signo existe uma tendência para o exagero. Deve-se ter o cuidado de evitar ser um trabalhador compulsivo sem tempo para brincar. Faça uma pausa para relaxar e crie prazer em sua rotina desde o início.

Regente: Mercúrio
Impulso: discriminação
Rege: abdômen e intestinos
Plantas: cereais, azálea, lavanda e solidéu
Lugares: áreas rurais, armários, jardins, terras produtivas, campinas, enfermarias, aposentos mantidos fechados
Maior compatibilidade com: Câncer, Escorpião, Capricórnio e Touro

Lua em Libra

A energia da Lua em Libra é masculina, semifértil e aérea. Essa energia beneficiará toda tentativa de incluir beleza num lugar. Libra é considerada uma boa energia para começar as coisas de natureza intelectual. Libra é o signo das parcerias e uniões, portanto o seu período é bom para fazer acordos e para negociar. Embora esse signo seja bom para iniciar as coisas, trabalhar com um parceiro que dê incentivo e encorajamento é crucial. Uma Lua em Libra acentua o trabalho de equipe (principalmente de equipe de dois) e o trabalho artístico (especialmente, se o trabalho envolver cores). Use esse signo quando for decorar o seu lar ou comprar roupas de alta qualidade.

Regente: Vênus
Impulso: equilibrar
Rege: parte inferior das costas, rins e nádegas
Plantas: morangos, flores em geral
Lugares: salões de beleza, dormitórios, toucadores, boutiques, construções de esquina voltadas para o leste, o lado oeste da parede, e aposentos superiores arejados
Maior compatibilidade com: Aquário, Leão, Gêmeos e Sagitário

Lua em Escorpião

A energia da Lua em Escorpião é feminina, fértil, fria, úmida. Ela é útil quando é necessário intensidade (algo que pareça chegar às raias da obsessão). Escorpião é considerado um signo muito psíquico. Use este signo lunar quando você precisar defender algo em que acredita, como uma união ou o relacionamento com o patrão. Existe aqui uma forte lealdade ao grupo, mas durante a Lua em Escorpião o período é bom para encerrar definitivamente certos relacionamentos. Também é um bom período para fazer pesquisas.

O desejo natural é tão forte que há tendência à manipulação de situações para chegar ao objetivo, ou para não enxergar a própria responsabilidade numa ação.

Regentes: Plutão e Marte (tradicional)
Impulso: transformação
Rege: órgãos reprodutores, genitais, virilha e pelve
Plantas: madressilva, cardo e plantas venenosas
Lugares: perto de água estagnada, farmácias, cemitérios, morgues, banheiros e depósitos de entulho
Maior compatibilidade com: Câncer, Virgem, Capricórnio e Peixes

Lua em Sagitário

A energia da Lua em Sagitário é seca, estéril e ardente, encorajando os vôos da imaginação e a confiança no fluxo da vida. Sagitário é o signo mais filosófico. A ingenuidade e a honestidade são aumentadas quando a Lua está nesse signo. É um período excelente para "lavar a alma", para lidar com instituições de ensino superior, empresas de publicações e a lei; também é um bom período para o esporte e as aventuras.

Os sagitarianos são os cruzados deste mundo, e este é um bom período para lidar com as coisas que precisam de melhorias. Não tente ser diplomata enquanto estiver sendo influenciado por essa energia. As opiniões são fortes e são defendidas com ardor.

Regente: Júpiter
Impulso: expansão
Rege: coxas e quadris
Plantas: malva, matricária e cravo
Lugares: lugares altos e arejados, barracas de exército, bancos, igrejas, países estrangeiros, universidades, aposentos superiores e navios
Maior compatibilidade com: Libra, Áries, Leão e Aquário

Lua em Capricórnio

A energia da Lua em Capricórnio é feminina, semifértil e terrosa. Como Câncer e Capricórnio são signos opostos, a energia da Lua é debilitada aqui. Esta energia encoraja a necessidade de disciplina, estrutura e organização. É um bom período para estabelecer metas e para fazer planos para o futuro, para dirigir os negócios familiares e para cuidar dos detalhes que exijam paciência. As atividades institucionais são favorecidas. Este signo deve ser evitado se você busca obter favores, pois as autoridades podem mostrar-se insensíveis sob essa influência.

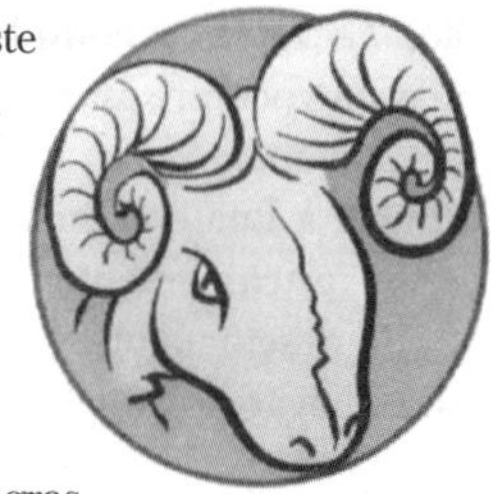

Regente: Saturno
Impulso: ambição
Rege: ossos, pele e joelhos
Plantas: musgo, amaranto, tanchagem, papoulas negras e cicuta
Lugares: lugares abandonados, velhas igrejas, túmulos, minas, lugares de difícil acesso, pirâmides, galerias e passagens subterrâneas
Maior compatibilidade com: Touro, Virgem e Peixes

Lua em Aquário

A energia da Lua em Aquário é masculina, estéril, seca e aérea. Sob esta Lua são favorecidas as atividades únicas, individualistas, relacionadas com assuntos humanitários, a sociedade como um todo, e a execução de melhorias. Essa qualidade de fazer melhorias fez com que esse signo fosse associado aos inventores e às novas invenções.

Uma Lua em Aquário promove a união de grupos sociais para trocas amáveis. As pessoas tendem a reagir e a discutir os assuntos do ponto de vista intelectual em vez do ponto de vista emocional quando a Lua está em Aquário.

Regentes: Urano e Saturno
Impulso: reformar
Rege: barriga da perna e tornozelos
Plantas: olíbano
Lugares: lugares altos em que haja atividade, teatros ambulantes, aviões, hangares e salas de conferências
Maior compatibilidade com: Áries, Libra, Sagitário e Gêmeos

Lua em Peixes

A energia da Lua em Peixes é feminina, fértil, fria e úmida. Se você quiser recolher-se, meditar, dormir, orar ou devanear retirando-se para um vôo de fantasia, este é um período excelente para fazer tudo isso. No entanto, as coisas nem sempre são o que parecem ser com a Lua em Peixes. Os limites pessoais tendem a ser confusos e talvez você não veja as coisas com clareza. As pessoas tendem a idealizar sob esse signo, o que pode impedi-las de enxergar a realidade.

Associada a este signo existe a tendência de viver e deixar viver, que num mundo idealista pode funcionar bem, mas cujo resultado com freqüência é o caos. É por isso que esse signo também é associado ao álcool e ao uso e tráfico de drogas. Do lado mais leve, muitos músicos e artistas são regidos por Peixes. É apenas quando eles se afastam demais da realidade que surge o lado escuro do abuso de álcool ou drogas, o suicídio, ou o crime que tira a vida de outras pessoas.

Regentes: Júpiter e Netuno
Impulso: empatia
Rege: os pés
Plantas: lírio aquático, samambaias aquáticas e musgos que crescem na água
Lugares: tanques, oceanos, conventos, postos de gasolina, hospitais, instituições, aposentos de teto baixo e submarinos
Maior compatibilidade com: Touro, Capricórnio, Câncer e Escorpião

Um Pouco Mais Sobre os Signos do Zodíaco

Elemento (triplicidade)

Cada signo do zodíaco pertence a um elemento: Fogo, Terra, Ar ou Água. Estes são os quatro elementos básicos. Áries, Sagitário e Leão são signos de Fogo. Eles são orientados pela ação, são extrovertidos, enérgicos e espontâneos. Touro, Capricórnio e Virgem são signos de Terra. Eles são estáveis, conservadores, práticos e orientados pelo reino físico e material. Gêmeos, Aquário e Libra são signos de Ar. Eles são sociáveis, críticos e tendem a se orientar mais pelo intelecto do que pelos sentimentos. Câncer, Escorpião e Peixes são signos de Água. Eles são emotivos, receptivos, intuitivos e podem ser sensíveis demais.

Qualidade (quadruplicidade)

Cada signo do zodíaco também é classificado como cardinal, mutável ou fixo. Há quatro signos em cada quadruplicidade, um signo de cada elemento.

Os signos cardinais de Câncer, Áries, Libra e Capricórnio representam inícios. Eles iniciam as ações. Os signos cardinais iniciam uma nova estação do ano. Os signos fixos querem manter o *status* através da teimosia e da persistência. Touro, Leão, Escorpião e Aquário representam o tempo do intervalo. Por exemplo, em Leão o inverno é bem caracterizado. Os signos mutáveis se adaptam à mudança e toleram as situações. Peixes, Gêmeos, Sagitário e Virgem representam o período em que as coisas estão mudando e preparando-se para uma nova estação.

Natureza e Fertilidade

Além do elemento e da qualidade, cada signo também é classificado como fértil, semifértil ou estéril. Esta classificação é mais importante para o leitor que use a informação do *Almanaque da Lua* para fazer jardinagem ou plantar porque a maioria dos eventos depende da fertilidade do signo ocupado pela Lua. Os signos de Água, Câncer, Escorpião e Peixes, são os mais férteis. Os signos semiférteis são os signos de Terra, Touro e Capricórnio e o signo de Ar, Libra. Os signos estéreis correspondem aos signos de Fogo, Áries, Leão e Sagitário. E aos signos de Ar, Gêmeos e Aquário. E ao signo de Terra, Virgem.

Algumas Afinidades Astrológicas dos Signos

Áries
Gênio: Samuel
Orixá: Ogum
Estrela-guia: Alferat
Elemental: Salamandra
Virtude: fortaleza
Vício: violência

Touro
Gênio: Anael
Orixá: Oxumaré
Estrela-guia: As Plêiades
Elemental: Gnomo
Virtude: perseverança no amor
Vício: luxúria

Gêmeos
Gênio: Rafael
Orixá: Ibeiji
Estrela-guia: As Três Marias
Elemental: Silfo
Virtude: temperança
Vício: inveja

Câncer
Gênio: Gabriel
Orixá: Iemanjá
Estrela-guia: Sírius
Elemental: Ondina
Virtude: esperança
Vício: avareza

Leão
Gênio: Michael
Orixá: Oxalá
Estrela-guia: Régulos
Elemental: Salamandra
Virtude: fé
Vício: vaidade

Virgem
Gênio: Rafael
Orixá: Ibeiji
Estrela-guia: Labrum
Elemental: Gnomo
Virtude: temperança
Vício: inveja

Libra
Gênio: Anael
Orixá: Oxumaré
Estrela-guia: Espiga
Elemental: Silfo
Virtude: amor
Vício: luxúria

Escorpião
Gênio: Samael
Orixá: Ogum
Estrela-guia: Acrux
Elemental: Ondina
Virtude: fortaleza
Vício: intransigência

Sagitário
Gênio: Zacariel
Orixá: Xangô
Estrela-guia: Antares
Elemental: Salamandra
Virtude: justiça
Vício: gula

Capricórnio
Gênio: Orifiel
Orixá: Omulu
Estrela-guia: Veja
Elemental: Gnomo
Virtude: prudência
Vício: egoísmo

Aquário
Gênio: Orifiel
Orixás: Omulu/Xangô
Estrela-guia: Altair
Elemental: Silfo
Virtude: temperança
Vício: inveja

Peixes
Gênio: Zacariel
Orixá: Xangô
Estrela-guia: Achernar
Elemental: Ondina
Virtude: justiça
Vício: gula

A Dieta da Lua

Na Antigüidade, já se conheciam as influências da Lua sobre o nosso organismo. Assim como a Lua influencia as marés, ela também influencia os líquidos que integram o nosso corpo. Quando estamos doentes ou nos sentimos fracos, notamos muito mais essa influência. Só para exemplificar: depois da Lua Nova podemos ter mais insônia, edemas, cansaço e outros males. Mas convém aproveitar as influências positivas, que são muitas, como, por exemplo, a possibilidade de emagrecer sem passar fome e sem se sobrecarregar com o excesso de exercícios físicos. Adote a dieta da Lua, começando-a quando a Lua estiver num signo fixo – Touro, Leão, Escorpião ou Aquário – para prolongar os efeitos do regime. Se começar numa Lua Minguante ou Cheia, a perda de peso fica mais fácil também. Esse regime dura apenas 24 horas a cada vez em que a Lua muda de fase, sendo ideal para quem não pode seguir uma dieta por falta de tempo ou porque não tem como planejar cardápios.

Para obter bons resultados, basta ficar 24 horas alimentando-se unicamente de líquidos. Apresentamos aqui um pequeno cardápio como exemplo:

Café da manhã: Suco de frutas naturais sem açúcar, café com leite desnatado ou chá com adoçante.
Almoço: Caldo de carne ou de frango, com legumes batidos no liqüidificador. Mas não use batatas nem outros tubérculos.
Jantar: Repita a sopa rala de legumes ou tome apenas o caldo de carne ou frango. Se sentir fraqueza, beba um copo de leite desnatado.
Como sobremesa, opte, no almoço e no jantar, por uma fatia de mamão ou melão.

Atenção: beba ao menos 8 copos de água natural ou mineral sem gás durante o dia. Talvez você prefira suco de frutas sem açúcar. Não tome café, pois é muito estimulante.

Não espere resultados da noite para o dia; este regime deve ser feito a longo prazo, servindo também como um desintoxicante para o organismo, inclusive para pessoas que não tenham problemas de peso.

Como Usar as Tábuas Lunares

Saber qual o melhor momento para iniciar as suas atividades é uma das coisas mais importantes que você pode fazer para ter sucesso. Em muitos países do Oriente, é algo tão corriqueiro e importante orientar-se de acordo com o movimento dos planetas que praticamente nenhum evento acontece sem que se calcule primeiro um mapa para ele. Até casamentos já foram celebrados no meio da noite porque nesse horário as influências eram melhores. Você talvez não queira ir tão longe, mas ainda assim pode usar a influência da Lua no seu dia-a-dia. É fácil e funciona!

No *Almanaque da Lua* você encontrará as informações de que precisa para planejar quase todas as atividades: emagrecer, melhorar a carreira, iniciar um pequeno negócio e muito mais. Nem sempre você poderá esperar pelos dias favoráveis para iniciar uma atividade, mas nós damos as diretrizes de que precisa para escolher o melhor dia dentre aqueles pelos quais pode optar. O método principal deste Almanaque para seleção das melhores datas começa com a consulta às Tábuas Lunares de mês a mês (página 28). Você aprenderá a escolher as melhores datas para suas atividades baseando-se em instruções passo a passo, em exemplos claros, nas várias Tábuas Lunares e em informações mais avançadas como usar as Tábuas de Dias Favoráveis e Desfavoráveis e das "Luas Fora de Curso". Para entender melhor as instruções a seguir, recomendamos que leia as seções "Os Signos da Lua" e "Luas Fora de Curso". Não é essencial que as leia em primeiro lugar, mas essa leitura aprofundará seu entendimento do processo de escolha das datas.

Os Quatro Passos Básicos

PRIMEIRO PASSO: USE AS INSTRUÇÕES PARA A ESCOLHA DE DATAS
Procure as instruções para escolha de datas relativas à atividade que quer iniciar. As instruções estão divididas por assunto, nas seguintes seções deste Almanaque: "Rituais Lunares para uma Saúde Melhor"; "A Escolha do Momento Certo"; "Grandes Vendas com a Lua"; "Como Escolher as Melhores Datas para Todas as Atividades"; "A Gravidez e os Ritmos Lunares"; "É Hora de Sair de Férias"; "Lar é Onde Está a Lua". Examine cada uma das seções para ver em qual delas estão as instruções para sua atividade específica.

SEGUNDO PASSO: CONSULTE AS TÁBUAS LUNARES

Em seguida, consulte as Tábuas Lunares que começam na página 28. Use essas tábuas para determinar em quais datas a Lua está na fase e no signo mais propícios para a sua atividade particular, de acordo com as instruções para a escolha das datas.

Se houver um horário assinalado depois de uma data, como 3 sáb. 1h59, por exemplo, esse horário refere-se ao momento em que a Lua transita para o signo de Gêmeos no dia 3 de janeiro. Até então a Lua estava em Touro.

A abreviação *Ch* significa Lua Cheia e *No* significa Lua Nova. *Cr* significa Lua Crescente e *Mi* significa Lua Minguante. O horário que vem logo depois da data corresponde ao horário em que a Lua muda de signo. O horário que vem logo depois da fase indica quando a Lua muda de fase.

Se você sabe em que mês gostaria de iniciar sua atividade, vá direto para esse mês. Quando começar a escolher suas próprias datas, você estará usando a informação sobre o signo e a fase da Lua com mais freqüência.

Depois de ter encontrado algumas datas favoráveis para sua atividade, tomando como critério a fase e o signo da Lua, você talvez tenha de obter informações adicionais. Para certas atividades simples, basta a informação sobre a fase e o signo da Lua. Mas para outras atividades, precisamos examinar outros critérios a fim de escolher a melhor data. Se as instruções para sua atividade incluem informação sobre certos aspectos lunares, você deve consultar o Aspectário Lunar.

TERCEIRO PASSO: CONSULTE O ASPECTÁRIO LUNAR

Nas páginas seguintes às tábuas lunares você encontrará os Aspectários Lunares e as Tábuas de Dias Favoráveis e Desfavoráveis, mês a mês. Os aspectários apresentam os aspectos (ou ângulos) da Lua com outros planetas. Em poucas palavras, eles dizem onde a Lua localiza-se no céu com relação aos outros planetas. Algumas posições da Lua com relação a esses planetas são favoráveis, ao passo que outras não são. Para usar o Aspectário Lunar, descubra o planeta que as instruções classificaram como favorável à sua atividade e deslize o dedo por essa coluna abaixo, procurando os dias em que não existam aspectos com Marte, por exemplo, caso as instruções aconselhem a evitar aspectos com Marte na data em que deseja realizar determinada atividade. Se quiser encontrar um aspecto favorável (sextil [X] ou trígono [T] com Mercúrio, deslize o dedo pela coluna de Mercúrio até encontrar um *X* ou um *T*. Aspectos negativos ou adversos (quadraturas e oposições) são representados por um *Q* ou um *O*. Uma conjunção [C] às vezes é boa, às vezes é má, dependendo da atividade ou dos planetas.

❖ ❖

QUARTO PASSO: CONSULTE A TÁBUA DAS LUAS FORA DE CURSO
Este último passo talvez seja a parte mais avançada do processo. Em geral, considera-se uma má idéia tomar decisões, assinar documentos importantes ou iniciar atividades especiais durante o período da Lua Fora de Curso. Assim que escolher a melhor data para sua atividade baseando-se nos passos de um a quatro, você pode checar as Tábuas das Luas Fora de Curso, da página 52, para descobrir se algumas das datas que escolheu têm períodos de Lua Fora de Curso. Diz-se que a Lua está fora de curso quando ela já formou seu último aspecto com um planeta dentro de um determinado signo, mas ainda não ingressou no signo seguinte. Em poucas palavras, durante o período da Lua Fora de Curso a Lua está "descansando", portanto atividades iniciadas neste período em geral não dão certo. Você notará que há muitos períodos de Lua Fora de Curso durante o ano, e que é quase impossível evitar todos eles. Algumas pessoas optam por não levá-los em conta quando planejam suas atividades.

Usando o que Você Aprendeu

EXEMPLO NÚMERO UM:
Digamos que você precise iniciar uma dieta de emagrecimento. Você procura a seção "A Dieta da Lua". Dirigindo-se a essa seção, você descobre que os melhores signos para iniciar um regime são os signos fixos: Touro, Leão, Escorpião e Aquário. Digamos que o mês seja março. Se você consultar a Tábua Lunar correspondente a março, verá que a Lua está em Leão no dia 3, só mudando de signo no dia 5. Assim, os dias 3 e 4 são os mais favoráveis para você iniciar a sua dieta.

EXEMPLO NÚMERO DOIS:
Imagine que você perdeu seu namorado e quer conseguir um novo relacionamento. Um ritual da Lua Crescente para aumentar as suas chances é muito fácil. Digamos que se trate do mês de junho. Ao consultar a Tábua Lunar de junho, você verá que a Lua inicia uma fase Crescente no dia 25, uma sexta-feira (dia de Vênus, o planeta do amor) às 16h9min. Faça o seu ritual nesse dia, seguindo as instruções.

EXEMPLO NÚMERO TRÊS:
Desta vez, o nosso exemplo se refere às férias e ao dia mais indicado para iniciar a sua viagem. Procure a seção "É Hora de Sair de Férias". Examine a Tábua Lunar do mês em que quer viajar e, depois, a Tábua dos Dias Favorá-

veis e Desfavoráveis, bem como o Aspectário Lunar. Em seguida, examine a Tábua das Luas Fora de Curso. Digamos que o mês é fevereiro e você quer que sua viagem seja excitante. Nesse caso, seu agente de viagens terá de ser Áries. Em fevereiro, a Lua está em Áries nos dias 22 e 23. No Aspectário Lunar, o dia 23 está assinalado como muito favorável e não há aspectos negativos com a Lua. A Lua também não está fora de curso, pois entra em Áries no dia 22, às 9h45min.

USE O BOM SENSO!

Algumas atividades dependem de fatores externos. Obviamente, você não pode sair e plantar quando há lama no chão. Você tem de se adaptar às condições do momento. Se o tempo estiver ruim durante o período mais favorável para alguma atividade, faça-a quando a Lua estiver em posição muito favorável (F). Se isso for difícil, opte por uma posição favorável (f). O melhor conselho é escolher o signo ou a fase mais favorável quando ambos não coincidem.

Para resumir, a fim de tirar o melhor proveito de suas atividades, analise o *Almanaque da Lua*. Primeiro, localize a atividade na seção apropriada, então busque a informação dada nas Tábuas Lunares, Aspectário Lunar e nas Tábuas dos Dias Favoráveis e Desfavoráveis. Escolha a data melhor considerando o número de fatores positivos em ação. Se a maioria das datas for favorável, não há problema em escolher uma que seja mais conveniente para você. No entanto, se não houver realmente nenhuma data boa, escolha aquelas com o menor número de influências negativas.

Abreviaturas usadas nas Tábuas Lunares

X: sextil/positivo
T: trígono/positivo
Q: quadratura/negativo
O: oposição/negativo
C: conjunção *(A conjunção pode ser positiva, negativa ou neutra, dependendo dos planetas envolvidos; conjunções com Marte, Saturno ou Netuno às vezes são negativas.)*

F: muito favorável
f: favorável
D: muito desfavorável
d: ligeiramente desfavorável
Ch: Lua Cheia
No: Lua Nova
Mi: Lua Minguante
Cr: Lua Crescente

❖ ❖

Tábua Lunar de Janeiro

Data	Signo	Elemento	Natureza	Fase
1 qui. 2h03	Touro	Terra	Semifértil	Cr
2 sex.	Touro	Terra	Semifértil	Cr
3 sáb. 1h59	Gêmeos	Ar	Estéril	Cr
4 dom.	Gêmeos	Ar	Estéril	Cr
5 seg.	Gêmeos	Ar	Estéril	Cr
6 ter. 3h39	Câncer	Água	Fértil	Cr
7 qua.	Câncer	Água	Fértil	Ch 12h41
8 qui. 14h38	Leão	Fogo	Estéril	Ch
9 sex.	Leão	Fogo	Estéril	Ch
10 sáb. 23h38	Virgem	Terra	Estéril	Ch
11 dom.	Virgem	Terra	Semifértil	Ch
12 seg.	Virgem	Terra	Semifértil	Ch
13 ter. 6h38	Libra	Ar	Semifértil	Ch
14 qua.	Libra	Ar	Semifértil	Ch
15 qui. 11h13	Escorpião	Água	Fértil	Mi 1h46
16 sex.	Escorpião	Água	Fértil	Mi
17 sáb. 14h19	Sagitário	Fogo	Estéril	Mi
18 dom.	Sagitário	Fogo	Estéril	Mi
19 seg. 15h25	Capricórnio	Terra	Semifértil	Mi
20 ter.	Capricórnio	Terra	Semifértil	Mi
21 qua. 16h12	Aquário	Ar	Estéril	No 18h06
22 qui.	Aquário	Ar	Estéril	No
23 sex. 18h30	Peixes	Água	Fértil	No
24 sáb.	Peixes	Água	Fértil	No
25 dom.	Peixes	Água	Fértil	No
26 seg. 0h07	Áries	Fogo	Estéril	No
27 ter.	Áries	Fogo	Estéril	No
28 qua. 9h47	Touro	Terra	Semifértil	No
29 qui.	Touro	Terra	Semifértil	Cr 3h04
30 sex. 22h18	Gêmeos	Ar	Estéril	Cr
31 sáb.	Gêmeos	Ar	Estéril	Cr

Janeiro

Aspectário Lunar — Dias Favoráveis e Desfavoráveis

	Sol	Mercúrio	Vênus	Marte	Júpiter	Saturno	Urano	Netuno	Plutão	Áries	Touro	Gêmeos	Câncer	Leão	Virgem	Libra	Escorpião	Sagitário	Capricórnio	Aquário	Peixes
1	T					X	X	Q		F		f	d	f		D		f	d	f	
2			Q		T						F		f	d	f		D		f	d	f
3							Q				F		f	d	f		D		f	d	f
4				X				T		f		F		f	d	f		D		f	d
5		O	T		Q				O	f		F		f	d	f		D		f	d
6						C	T			f		F		f	d	f		D		f	d
7	O			Q	X					d	f		F		f	d	f		D		f
8						T				d	f		F		f	d	f		D		f
9				T				O		f	d	f		F		f	d	f		D	
10		T	O				O		T	f	d	f		F		f	d	f		D	
11						X					f	d	f		F		f	d	f		D
12	T				C				Q		f	d	f		F		f	d	f		D
13		Q				Q					f	d	f		F		f	d	f		D
14	Q			O				T	X	D		f	d	f		F		f	d	f	
15		X	T				T			D		f	d	f		F		f	d	f	
16					X	T		Q			D		f	d	f		F		f	d	f
17	X		Q				Q				D		f	d	f		F		f	d	f
18				T	Q			X	C	f		D		f	d	f		F		f	d
19		C					X			f		D		f	d	f		F		f	d
20			X		T	O				d	f		D		f	d	f		F		f
21	C			Q						d	f		D		f	d	f		F		f
22								C		f	d	f		D		f	d	f		F	
23				X			C		X	f	d	f		D		f	d	f		F	
24		X	C			T					f	d	f		D		f	d	f		F
25					O				Q		f	d	f		D		f	d	f		F
26	X					Q		X		F		f	d	f		D		f	d	f	
27		Q		C					T	F		f	d	f		D		f	d	f	
28						X	X			F		f	d	f		D		f	d	f	
29	Q	T	X		T			Q			F		f	d	f		D		f	d	f
30							Q				F		f	d	f		D		f	d	f
31	T							T		f		F		f	d	f		D		f	d

Tábua Lunar de Fevereiro

Data	Signo	Elemento	Natureza	Fase
1 dom.	Gêmeos	Ar	Estéril	Cr
2 seg. 11h03	Câncer	Água	Fértil	Cr
3 ter.	Câncer	Água	Fértil	Cr
4 qua. 21h50	Leão	Fogo	Estéril	Cr
5 qui.	Leão	Fogo	Estéril	Cr
6 sex.	Leão	Fogo	Estéril	Ch 5h47
7 sáb. 6h03	Virgem	Terra	Estéril	Ch
8 dom.	Virgem	Terra	Estéril	Ch
9 seg. 12h13	Libra	Ar	Semifértil	Ch
10 ter.	Libra	Ar	Semifértil	Ch.
11qua. 16h58	Escorpião	Água	Fértil	Ch
12 qui.	Escorpião	Água	Fértil	Ch
13 sex. 20h36	Sagitário	Fogo	Estéril	Mi 10h41
14 sáb.	Sagitário	Fogo	Estéril	Mi
15 dom. 23h15	Capricórnio	Terra	Semifértil	Mi
16 seg.	Capricórnio	Terra	Semifértil	Mi
17 ter.	Capricórnio	Terra	Semifértil	Mi
18 qua. 1h28	Aquário	Ar	Estéril	Mi
19 qui.	Aquário	Ar	Estéril	Mi
20 sex. 4h27	Peixes	Água	Fértil	No 6h19
21 sáb.	Peixes	Água	Fértil	No
22 dom. 9h45	Áries	Fogo	Estéril	No
23 seg.	Áries	Fogo	Estéril	No
24 ter. 18h30	Touro	Terra	Semifértil	No
25 qua.	Touro	Terra	Semifértil	No
26 qui.	Touro	Terra	Semifértil	No
27 sex. 6h23	Gêmeos	Ar	Estéril	No
28 sáb.	Gêmeos	Ar	Estéril	Cr 6h17
29 dom. 19h12	Câncer	Água	Fértil	Cr

Fevereiro

Aspectário Lunar | Dias Favoráveis e Desfavoráveis

	Sol	Mercúrio	Vênus	Marte	Júpiter	Saturno	Urano	Netuno	Plutão	Áries	Touro	Gêmeos	Câncer	Leão	Virgem	Libra	Escorpião	Sagitário	Capricórnio	Aquário	Peixes
1			Q		Q				O	f		F		f	d	f		D		f	d
2				X		C	T			f		F		f	d	f		D		f	d
3					X					d	f		F		f	d	f		D		f
4		O	T	Q						d	f		F		f	d	f		D		f
5								O		f	d	f		F		f	d	f		D	
6	O								T	f	d	f		F		f	d	f		D	
7				T		X	O			f	d	f		F		f	d	f		D	
8					C				Q		f	d	f		F		f	d	f		D
9		T	O			Q					f	d	f		F		f	d	f		D
10								T		D		f	d	f		F		f	d	f	
11	T						T		X	D		f	d	f		F		f	d	f	
12		Q		O	X	T		Q			D		f	d	f		F		f	d	f
13	Q						Q				D		f	d	f		F		f	d	f
14		X	T		Q			X		f		D		f	d	f		F		f	d
15	X								C	f		D		f	d	f		F		f	d
16			Q	T	T	O	X			d	f		D		f	d	f		F		f
17										d	f		D		f	d	f		F		f
18			X	Q				C		f	d	f		D		f	d	f		F	
19		C							X	f	d	f		D		f	d	f		F	
20	C			X		T	C			f	d	f		D		f	d	f		F	
21					O				Q		f	d	f		D		f	d	f		F
22						Q					f	d	f		D		f	d	f		F
23			C					X		F		f	d	f		D		f	d	f	
24		X					X		T	F		f	d	f		D		f	d	f	
25	X			C	T	X		Q			F		f	d	f		D		f	d	f
26											F		f	d	f		D		f	d	f
27	Q	Q					Q				F		f	d	f		D		f	d	f
28					Q			T		f		F		f	d	f		D		f	d
29			X				T		O	f		F		f	d	f		D		f	d

Tábua Lunar de Março

Data	Signo	Elemento	Natureza	Fase
1 seg.	Câncer	Água	Fértil	Cr
2 ter.	Câncer	Água	Fértil	Cr
3 qua. 6h18	Leão	Fogo	Estéril	Cr
4 qui.	Leão	Fogo	Estéril	Cr
5 sex. 14h19	Virgem	Terra	Estéril	Cr
6 sáb.	Virgem	Terra	Estéril	Ch 20h15
7 dom. 19h32	Libra	Ar	Semifértil	Ch
8 seg.	Libra	Ar	Semifértil	Ch
9 ter. 23h04	Escorpião	Água	Fértil	Ch
10 qua.	Escorpião	Água	Fértil	Ch
11 qui.	Escorpião	Água	Fértil	Ch
12 sex. 1h58	Sagitário	Fogo	Estéril	Ch
13 sáb.	Sagitário	Fogo	Estéril	Mi 18h01
14 dom. 4h52	Capricórnio	Terra	Semifértil	Mi
15 seg.	Capricórnio	Terra	Semifértil	Mi
16 ter. 8h11	Aquário	Ar	Estéril	Mi
17 qua.	Aquário	Ar	Estéril	Mi
18 qui. 12h26	Peixes	Água	Fértil	Mi
19 sex.	Peixes	Água	Fértil	Mi
20 sáb. 18h29	Áries	Fogo	Estéril	No 19h42
21 dom.	Áries	Fogo	Estéril	No
22 seg.	Áries	Fogo	Estéril	No
23 ter. 3h10	Touro	Terra	Semifértil	No
24 qua.	Touro	Terra	Semifértil	No
25 qui. 14h35	Gêmeos	Ar	Estéril	No
26 sex.	Gêmeos	Ar	Estéril	No
27 sáb.	Gêmeos	Ar	Estéril	No
28 dom. 3h24	Câncer	Água	Fértil	Cr 20h49
29 seg.	Câncer	Água	Fértil	Cr
30 ter. 15h08	Leão	Fogo	Estéril	Cr
31 qua.	Leão	Fogo	Estéril	Cr

Março

Aspectário Lunar — Dias Favoráveis e Desfavoráveis

	Sol	Mercúrio	Vênus	Marte	Júpiter	Saturno	Urano	Netuno	Plutão	Áries	Touro	Gêmeos	Câncer	Leão	Virgem	Libra	Escorpião	Sagitário	Capricórnio	Aquário	Peixes
1	T	T			X	C				d	f		F		f	d	f		D		f
2			Q	X						d	f		F		f	d	f		D		f
3										d	f		F		f	d	f		D		f
4				Q				O	T	f	d	f		F		f	d	f		D	
5			T			X	O			f	d	f		F		f	d	f		D	
6	O	O			C						f	d	f		F		f	d	f		D
7				T					Q		f	d	f		F		f	d	f		D
8						Q		T		D		f	d	f		F		f	d	f	
9									X	D		f	d	f		F		f	d	f	
10			O		X	T	T	Q			D		f	d	f		F		f	d	f
11	T	T		O							D		f	d	f		F		f	d	f
12					Q		Q			f		D		f	d	f		F		f	d
13	Q							X	C	f		D		f	d	f		F		f	d
14		Q	T			O	X			f		D		f	d	f		F		f	d
15	X				T					d	f		D		f	d	f		F		f
16		X		T						d	f		D		f	d	f		F		f
17			Q					C	X	f	d	f		D		f	d	f		F	
18				Q		T	C			f	d	f		D		f	d	f		F	
19			X		O						f	d	f		D		f	d	f		F
20	C			X					Q		f	d	f		D		f	d	f		F
21						Q		X		F		f	d	f		D		f	d	f	
22		C							T	F		f	d	f		D		f	d	f	
23					T	X	X			F		f	d	f		D		f	d	f	
24			C					Q			F		f	d	f		D		f	d	f
25				C			Q				F		f	d	f		D		f	d	f
26	X				Q			T		f		F		f	d	f		D		f	d
27		X							O	f		F		f	d	f		D		f	d
28	Q				X	C	T			f		F		f	d	f		D		f	d
29										d	f		F		f	d	f		D		f
30		Q	X							d	f		F		f	d	f		D		f
31	T			X				O		f	d	f		F		f	d	f		D	

Tábua Lunar de Abril

Data	Signo	Elemento	Natureza	Fase
1 qui. 23h46	Virgem	Terra	Estéril	Cr
2 sex.	Virgem	Terra	Estéril	Cr
3 sáb.	Virgem	Terra	Estéril	Cr
4 dom. 4h53	Libra	Ar	Semifértil	Cr
5 seg.	Libra	Ar	Semifértil	Ch 8h04
6 ter. 7h25	Escorpião	Água	Fértil	Ch
7 qua.	Escorpião	Água	Fértil	Ch
8 qui. 8h51	Sagitário	Fogo	Estéril	Ch
9 sex.	Sagitário	Fogo	Estéril	Ch
10 sáb. 10h34	Capricórnio	Terra	Semifértil	Ch
11 dom.	Capricórnio	Terra	Semifértil	Ch
12 seg. 13h33	Aquário	Ar	Estéril	Mi 0h46
13 ter.	Aquário	Ar	Estéril	Mi
14 qua. 18h24	Peixes	Água	Fértil	Mi
15 qui.	Peixes	Água	Fértil	Mi
16 sex.	Peixes	Água	Fértil	Mi
17 sáb. 1h25	Áries	Fogo	Estéril	Mi
18 dom.	Áries	Fogo	Estéril	Mi
19 seg. 10h43	Touro	Terra	Semifértil	No 10h22
20 ter.	Touro	Terra	Semifértil	No
21 qua. 22h11	Gêmeos	Ar	Estéril	No
22 qui.	Gêmeos	Ar	Estéril	No
23 sex.	Gêmeos	Ar	Estéril	No
24 sáb. 10h57	Câncer	Água	Fértil	No
25 dom.	Câncer	Água	Fértil	No
26 seg. 23h15	Leão	Fogo	Estéril	Mi
27 ter.	Leão	Fogo	Estéril	Cr 14h33
28 qua.	Leão	Fogo	Estéril	Cr
29 qui. 9h01	Virgem	Terra	Estéril	Cr
30 sex.	Virgem	Terra	Estéril	Cr

Abril

Aspectário Lunar — Dias Favoráveis e Desfavoráveis

	Sol	Mercúrio	Vênus	Marte	Júpiter	Saturno	Urano	Netuno	Plutão	Áries	Touro	Gêmeos	Câncer	Leão	Virgem	Libra	Escorpião	Sagitário	Capricórnio	Aquário	Peixes
1		T	Q						T	f	d	f		F		f	d	f		D	
2				Q	C	X	O				f	d	f		F		f	d	f		D
3									Q		f	d	f		F		f	d	f		D
4			T	T		Q					f	d	f		F		f	d	f		D
5	O							T	X	D		f	d	f		F		f	d	f	
6		O			X	T	T			D		f	d	f		F		f	d	f	
7								Q			D		f	d	f		F		f	d	f
8			O				Q				D		f	d	f		F		f	d	f
9	T			O	Q			X	C	f		D		f	d	f		F		f	d
10		T				O	X			f		D		f	d	f		F		f	d
11	Q				T					d	f		D		f	d	f		F		f
12		Q								d	f		D		f	d	f		F		f
13			T	T				C		f	d	f		D		f	d	f		F	
14	X	X							X	f	d	f		D		f	d	f		F	
15			Q	Q	O	T	C				f	d	f		D		f	d	f		F
16									Q		f	d	f		D		f	d	f		F
17						Q				F		f	d	f		D		f	d	f	
18			X	X				X	T	F		f	d	f		D		f	d	f	
19	C	C					X			F		f	d	f		D		f	d	f	
20					T	X		Q			F		f	d	f		D		f	d	f
21											F		f	d	f		D		f	d	f
22					Q		Q			f		F		f	d	f		D		f	d
23		X	C	C				T	O	f		F		f	d	f		D		f	d
24	X						T			f		F		f	d	f		D		f	d
25					X	C				d	f		F		f	d	f		D		f
26		Q								d	f		F		f	d	f		D		f
27	Q									f	d	f		F		f	d	f		D	
28		T	X	X				O	T	f	d	f		F		f	d	f		D	
29							O			f	d	f		F		f	d	f		D	
30	T		Q		C	X			Q		f	d	f		F		f	d	f		D

Tábua Lunar de Maio

Data	Signo	Elemento	Natureza	Fase
1 sáb. 15h03	Libra	Ar	Semifértil	Cr
2 dom.	Libra	Ar	Semifértil	Cr
3 seg. 17h39	Escorpião	Água	Fértil	Cr
4 ter.	Escorpião	Água	Fértil	Ch 17h34
5 qua. 18h08	Sagitário	Fogo	Estéril	Ch
6 qui.	Sagitário	Fogo	Estéril	Ch
7 sex. 18h17	Capricórnio	Terra	Semifértil	Ch
8 sáb.	Capricórnio	Terra	Semifértil	Ch
9 dom. 19h47	Aquário	Ar	Estéril	Ch
10 seg.	Aquário	Ar	Estéril	Ch
11 ter.	Aquário	Ar	Estéril	Mi 8h05
12 qua. 23h53	Peixes	Água	Fértil	Mi
13 qui.	Peixes	Água	Fértil	Mi
14 sex. 7h03	Áries	Fogo	Estéril	Mi
15 sáb.	Áries	Fogo	Estéril	Mi
16 dom. 16h58	Touro	Terra	Semifértil	Mi
17 seg.	Touro	Terra	Semifértil	Mi
18 ter.	Touro	Terra	Semifértil	Mi
19 qua. 4h48	Gêmeos	Ar	Estéril	No 1h53
20 qui.	Gêmeos	Ar	Estéril	No
21 sex. 17h35	Câncer	Água	Fértil	No
22 sáb.	Câncer	Água	Fértil	No
23 dom.	Câncer	Água	Fértil	No
24 seg. 6h08	Leão	Fogo	Estéril	No
25 ter.	Leão	Fogo	Estéril	No
26 qua. 16h52	Virgem	Terra	Estéril	No
27 qui.	Virgem	Terra	Estéril	Cr 4h57
28 sex.	Virgem	Terra	Estéril	Cr
29 sáb. 0h23	Libra	Ar	Semifértil	Cr
30 dom.	Libra	Ar	Semifértil	Cr
31 seg. 4h08	Escorpião	Água	Fértil	Cr

Maio

Aspectário Lunar — Dias Favoráveis e Desfavoráveis

	Sol	Mercúrio	Vênus	Marte	Júpiter	Saturno	Urano	Netuno	Plutão	Áries	Touro	Gêmeos	Câncer	Leão	Virgem	Libra	Escorpião	Sagitário	Capricórnio	Aquário	Peixes
1				Q							f	d	f		F		f	d	f		D
2						Q		T		D		f	d	f		F		f	d	f	
3		O	T	T					X	D		f	d	f		F		f	d	f	
4	O				X	T	T	Q			D		f	d	f		F		f	d	f
5											D		f	d	f		F		f	d	f
6					Q		Q	X		f		D		f	d	f		F		f	d
7		T	O	O					C	f		D		f	d	f		F		f	d
8					T	O	X			d	f		D		f	d	f		F		f
9	T	Q								d	f		D		f	d	f		F		f
10								C		f	d	f		D		f	d	f		F	
11	Q	X	T						X	f	d	f		D		f	d	f		F	
12				T	O	T	C				f	d	f		D		f	d	f		F
13	X		Q						Q		f	d	f		D		f	d	f		F
14				Q							f	d	f		D		f	d	f		F
15						Q		X	T	F		f	d	f		D		f	d	f	
16		C	X							F		f	d	f		D		f	d	f	
17				X	T	X	X	Q			F		f	d	f		D		f	d	f
18											F		f	d	f		D		f	d	f
19	C				Q		Q		g		F		f	d	f		D		f	d	f
20								T	O	f		F		f	d	f		D		f	d
21			C							f		F		f	d	f		D		f	d
22		X		C	X	C	T			d	f		F		f	d	f		D		f
23										d	f		F		f	d	f		D		f
24	X									d	f		F		f	d	f		D		f
25		Q						Q	T	f	d	f		F		f	d	f		D	
26			X							f	d	f		F		f	d	f		D	
27	Q	T		X	C	X	O				f	d	f		F		f	d	f		D
28			Q						Q		f	d	f		F		f	d	f		D
29	T					Q				D		f	d	f		F		f	d	f	
30			T	Q				T	X	D		f	d	f		F		f	d	f	
31					X	T	T			D		f	d	f		F		f	d	f	

Tábua Lunar de Junho

Data	Signo	Elemento	Natureza	Fase
1 ter.	Escorpião	Água	Fértil	Cr
2 qua. 4h53	Sagitário	Fogo	Estéril	Cr
3 qui.	Sagitário	Fogo	Estéril	Ch 1h20
4 sex. 4h13	Capricórnio	Terra	Semifértil	Ch
5 sáb.	Capricórnio	Terra	Semifértil	Ch
6 dom. 4h11	Aquário	Ar	Estéril	Ch
7 seg.	Aquário	Ar	Estéril	Ch
8 ter. 6h39	Peixes	Água	Fértil	Ch
9 qua.	Peixes	Água	Fértil	Mi 17h04
10 qui. 12h50	Áries	Fogo	Estéril	Mi
11 sex.	Áries	Fogo	Estéril	Mi
12 sáb. 22h37	Touro	Terra	Semifértil	Mi
13 dom.	Touro	Terra	Semifértil	Mi
14 seg.	Touro	Terra	Semifértil	Mi
15 ter. 10h44	Gêmeos	Ar	Estéril	Mi
16 qua.	Gêmeos	Ar	Estéril	Mi
17 qui. 23h37	Câncer	Água	Fértil	No 17h27
18 sex.	Câncer	Água	Fértil	No
19 sáb.	Câncer	Água	Fértil	No
20 dom. 12h05	Leão	Fogo	Estéril	No
21 seg.	Leão	Fogo	Estéril	No
22 ter. 23h10	Virgem	Terra	Estéril	No
23 qua.	Virgem	Terra	Estéril	No
24 qui.	Virgem	Terra	Estéril	No
25 sex. 7h50	Libra	Ar	Semifértil	Cr 16h09
26 sáb.	Libra	Ar	Semifértill	Cr
27 dom. 13h14	Escorpião	Água	Fértil	Cr
28 seg.	Escorpião	Água	Fértil	Cr
29 ter. 15h16	Sagitário	Fogo	Estéril	Cr
30 qua.	Sagitário	Fogo	Estéril	Cr

Junho

Aspectário Lunar — Dias Favoráveis e Desfavoráveis

	Sol	Mercúrio	Vênus	Marte	Júpiter	Saturno	Urano	Netuno	Plutão	Áries	Touro	Gêmeos	Câncer	Leão	Virgem	Libra	Escorpião	Sagitário	Capricórnio	Aquário	Peixes
1		O		T				Q			D		f	d	f		F		f	d	f
2					Q		Q				D		f	d	f		F		f	d	f
3	O		O					X	C	f		D		f	d	f		F		f	d
4					T	O	X			f		D		f	d	f		F		f	d
5				O				O	T	d	f		D		f	d	f		F		f
6		T								d	f		D		f	d	f		F		f
7	T		T					C	X	f	d	f		D		f	d	f		F	
8		Q					C			f	d	f		D		f	d	f		F	
9	Q		Q	T	O	T			Q		f	d	f		D		f	d	f		F
10											f	d	f		D		f	d	f		F
11		X	X			Q		X		F		f	d	f		D		f	d	f	
12	X			Q					T	F		f	d	f		D		f	d	f	
13					T		X				F		f	d	f		D		f	d	f
14				X		X		Q			F		f	d	f		D		f	d	f
15							Q				F		f	d	f		D		f	d	f
16			C		Q			T		f		F		f	d	f		D		f	d
17	C	C							O	f		F		f	d	f		D		f	d
18					X		T			d	f		F		f	d	f		D		f
19						C				d	f		F		f	d	f		D		f
20				C						d	f		F		f	d	f		D		f
21			X					O		f	d	f		F		f	d	f		D	
22									T	f	d	f		F		f	d	f		D	
23	X	X	Q		C		O				f	d	f		F		f	d	f		D
24						X			Q		f	d	f		F		f	d	f		D
25	Q			X							f	d	f		F		f	d	f		D
26		Q	T			Q		T	X	D		f	d	f		F		f	d	f	
27	T			Q			T			D		f	d	f		F		f	d	f	
28		T			X	T		Q			D		f	d	f		F		f	d	f
29				T							D		f	d	f		F		f	d	f
30			O		Q		Q	X	C	f		D		f	d	f		F		f	d

Tábua Lunar de Julho

Data	Signo	Elemento	Natureza	Fase
1 qui. 15h02	Capricórnio	Terra	Semifértil	Cr
2 sex.	Capricórnio	Terra	Semifértil	Ch 8h10
3 sáb. 14h23	Aquário	Ar	Estéril	Ch
4 dom.	Aquário	Ar	Estéril	Ch
5 seg. 15h27	Peixes	Água	Fértil	Ch
6 ter.	Peixes	Água	Fértil	Ch
7 qua. 20h04	Áries	Fogo	Estéril	Ch
8 qui.	Áries	Fogo	Estéril	Ch
9 sex.	Áries	Fogo	Estéril	Mi 4h34
10 sáb. 4h51	Touro	Terra	Semifértil	Mi
11 dom.	Touro	Terra	Semifértil	Mi
12 seg. 16h45	Gêmeos	Ar	Estéril	Mi
13 ter.	Gêmeos	Ar	Estéril	Mi
14 qua.	Gêmeos	Ar	Estéril	Mi
15 qui. 5h41	Câncer	Água	Fértil	Mi
16 sex.	Câncer	Água	Fértil	Mi
17 sáb. 17h57	Leão	Fogo	Estéril	No 8h24
18 dom.	Leão	Fogo	Estéril	No
19 seg.	Leão	Fogo	Estéril	No
20 ter. 4h45	Virgem	Terra	Estéril	No
21 qua.	Virgem	Terra	Estéril	No
22 qui. 13h40	Libra	Ar	Semifértil	No
23 sex.	Libra	Ar	Semifértil	No
24 sáb. 20h09	Escorpião	Água	Fértil	No
25 dom.	Escorpião	Água	Fértil	Cr 0h38
26 seg. 23h49	Sagitário	Fogo	Estéril	Cr
27 ter.	Sagitário	Fogo	Estéril	Cr
28 qua.	Sagitário	Fogo	Estéril	Cr
29 qui. 0h58	Capricórnio	Terra	Semifértil	Cr
30 sex.	Capricórnio	Terra	Semifértil	Cr
31 sáb. 0h54	Aquário	Ar	Estéril	Ch 15h06

Julho

Aspectário Lunar — Dias Favoráveis e Desfavoráveis

	Sol	Mercúrio	Vênus	Marte	Júpiter	Saturno	Urano	Netuno	Plutão	Áries	Touro	Gêmeos	Câncer	Leão	Virgem	Libra	Escorpião	Sagitário	Capricórnio	Aquário	Peixes
1										f		D		f	d	f		F		f	d
2	O				T	O	X			d	f		D		f	d	f		F		f
3		O		O						d	f		D		f	d	f		F		f
4			T					C	X	f	d	f		D		f	d	f		F	
5										f	d	f		D		f	d	f		F	
6	T		Q		O	T	C				f	d	f		D		f	d	f		F
7									Q		f	d	f		D		f	d	f		F
8		T	X	T				X		F		f	d	f		D		f	d	f	
9	Q					Q			T	F		f	d	f		D		f	d	f	
10							X			F		f	d	f		D		f	d	f	
11	X	Q		Q	T	X		Q			F		f	d	f		D		f	d	f
12											F		f	d	f		D		f	d	f
13		X	C	X	Q		Q	T		f		F		f	d	f		D		f	d
14									O	f		F		f	d	f		D		f	d
15							T			f		F		f	d	f		D		f	d
16					X	C				d	f		F		f	d	f		D		f
17	C									d	f		F		f	d	f		D		f
18			X					O		f	d	f		F		f	d	f		D	
19		C		C					T	f	d	f		F		f	d	f		D	
20							O			f	d	f		F		f	d	f		D	
21			Q		C	X			Q		f	d	f		F		f	d	f		D
22	X										f	d	f		F		f	d	f		D
23			T	X		Q		T		D		f	d	f		F		f	d	f	
24	Q	X							X	D		f	d	f		F		f	d	f	
25							T	Q			D		f	d	f		F		f	d	f
26				Q	X	T					D		f	d	f		F		f	d	f
27	T	Q					Q	X		f		D		f	d	f		F		f	d
28			O	T	Q				C	f		D		f	d	f		F		f	d
29		T					X			d	f		D		f	d	f		F		f
30					T	O				d	f		D		f	d	f		F		f
31	O							C		f	d	f		D		f	d	f		F	

Tábua Lunar de Agosto

Data	Signo	Elemento	Natureza	Fase
1 dom.	Aquário	Ar	Estéril	Ch
2 seg. 1h35	Peixes	Água	Fértil	Ch
3 ter.	Peixes	Água	Fértil	Ch
4 qua. 5h00	Áries	Fogo	Estéril	Ch
5 qui.	Áries	Fogo	Estéril	Ch
6 sex. 12h26	Touro	Terra	Semifértil	Ch
7 sáb.	Touro	Terra	Semifértil	Mi 19h02
8 dom. 23h33	Gêmeos	Ar	Estéril	Mi
9 seg.	Gêmeos	Ar	Estéril	Mi
10 ter.	Gêmeos	Ar	Estéril	Mi
11 qua. 12h21	Câncer	Água	Fértil	Mi
12 qui.	Câncer	Água	Fértil	Mi
13 sex.	Câncer	Água	Fértil	Mi
14 sáb. 0h31	Leão	Fogo	Estéril	Mi
15 dom.	Leão	Fogo	Estéril	No 22h25
16 seg. 10h50	Virgem	Terra	Estéril	No
17 ter.	Virgem	Terra	Estéril	No
18 qua. 19h10	Libra	Ar	Semifértil	No
19 qui.	Libra	Ar	Semifértil	No
20 sex.	Libra	Ar	Semifértil	No
21 sáb. 1h37	Escorpião	Água	Fértil	No
22 dom.	Escorpião	Água	Fértil	No
23 seg. 6h09	Sagitário	Fogo	Estéril	Cr 7h12
24 ter.	Sagitário	Fogo	Estéril	Cr
25 qua. 8h47	Capricórnio	Terra	Semifértil	Cr
26 qui.	Capricórnio	Terra	Semifértil	Cr
27 sex. 10h08	Aquário	Ar	Estéril	Cr
28 sáb.	Aquário	Ar	Estéril	Cr
29 dom. 11h34	Peixes	Água	Fértil	Ch 23h23
30 seg.	Peixes	Água	Fértil	Ch
31 ter. 14h46	Áries	Fogo	Estéril	Ch

Agosto

Aspectário Lunar

Dias Favoráveis e Desfavoráveis

	Sol	Mercúrio	Vênus	Marte	Júpiter	Saturno	Urano	Netuno	Plutão	Áries	Touro	Gêmeos	Câncer	Leão	Virgem	Libra	Escorpião	Sagitário	Capricórnio	Aquário	Peixes
1			T	O					X	f	d	f		D		f	d	f		F	
2		O					C			f	d	f		D		f	d	f		F	
3			Q		O	T			Q		f	d	f		D		f	d	f		F
4											f	d	f		D		f	d	f		F
5	T					Q		X	T	F		f	d	f		D		f	d	f	
6			X	T			X			F		f	d	f		D		f	d	f	
7	Q	T						Q			F		f	d	f		D		f	d	f
8				Q	T	X					F		f	d	f		D		f	d	f
9		Q					Q			f		F		f	d	f		D		f	d
10	X				Q			T	O	f		F		f	d	f		D		f	d
11			C	X			T			f		F		f	d	f		D		f	d
12		X								d	f		F		f	d	f		D		f
13					X	C				d	f		F		f	d	f		D		f
14										f	d	f		F		f	d	f		D	
15	C							O	T	f	d	f		F		f	d	f		D	
16		C		C			O			f	d	f		F		f	d	f		D	
17			X						Q		f	d	f		F		f	d	f		D
18					C	X					f	d	f		F		f	d	f		D
19			Q					T		D		f	d	f		F		f	d	f	
20	X					Q			X	D		f	d	f		F		f	d	f	
21		X		X			T			D		f	d	f		F		f	d	f	
22			T		X	T		Q			D		f	d	f		F		f	d	f
23	Q	Q		Q			Q				D		f	d	f		F		f	d	f
24					Q			X	C	f		D		f	d	f		F		f	d
25	T	T					X			f		D		f	d	f		F		f	d
26			O	T	T	O				d	f		D		f	d	f		F		f
27										d	f		D		f	d	f		F		f
28								C	X	f	d	f		D		f	d	f		F	
29	O	O					C			f	d	f		D		f	d	f		F	
30				O					Q		f	d	f		D		f	d	f		F
31			T		O	T					f	d	f		D		f	d	f		F

Tábua Lunar de Setembro

Data	Signo	Elemento	Natureza	Fase
1 qua.	Áries	Fogo	Estéril	Ch
2 qui. 21h17	Touro	Terra	Semifértil	Ch
3 sex.	Touro	Terra	Semifértil	Ch
4 sáb.	Touro	Terra	Semifértil	Ch
5 dom. 7h25	Gêmeos	Ar	Estéril	Ch
6 seg.	Gêmeos	Ar	Estéril	Mi 12h11
7 ter. 19h51	Câncer	Água	Fértil	Mi
8 qua.	Câncer	Água	Fértil	Mi
9 qui.	Câncer	Água	Fértil	Mi
10 sex. 8h07	Leão	Fogo	Estéril	Mi
11 sáb.	Leão	Fogo	Estéril	Mi
12 dom. 18h17	Virgem	Terra	Estéril	Mi
13 seg.	Virgem	Terra	Estéril	Mi
14 ter.	Virgem	Terra	Estéril	No 11h29
15 qua. 1h54	Libra	Ar	Semifértil	No
16 qui.	Libra	Ar	Semifértil	No
17 sex. 7h25	Escorpião	Água	Fértil	No
18 sáb.	Escorpião	Água	Fértil	No
19 dom. 11h30	Sagitário	Fogo	Estéril	No
20 seg.	Sagitário	Fogo	Estéril	No
21 ter. 14h36	Capricórnio	Terra	Semifértil	Cr 12h54
22 qua.	Capricórnio	Terra	Semifértil	Cr
23 qui. 17h10	Aquário	Ar	Estéril	Cr
24 sex.	Aquário	Ar	Estéril	Cr
25 sáb. 19h56	Peixes	Água	Fértil	Cr
26 dom.	Peixes	Água	Fértil	Cr
27 seg. 23h58	Áries	Fogo	Estéril	Cr
28 ter.	Áries	Fogo	Estéril	Ch 10h10
29 qua.	Áries	Fogo	Estéril	Ch
30 qui. 6h25	Touro	Terra	Semifértil	Ch

Setembro

Aspectário Lunar — Dias Favoráveis e Desfavoráveis

	Sol	Mercúrio	Vênus	Marte	Júpiter	Saturno	Urano	Netuno	Plutão	Áries	Touro	Gêmeos	Câncer	Leão	Virgem	Libra	Escorpião	Sagitário	Capricórnio	Aquário	Peixes
1								X		F		f	d	f		D		f	d	f	
2		T	Q			Q			T	F		f	d	f		D		f	d	f	
3	T						X	Q			F		f	d	f		D		f	d	f
4		Q		T	T	X					F		f	d	f		D		f	d	f
5			X				Q				F		f	d	f		D		f	d	f
6	Q			Q				T	O	f		F		f	d	f		D		f	d
7		X			Q					f		F		f	d	f		D		f	d
8							T			d	f		F		f	d	f		D		f
9	X			X		C				d	f		F		f	d	f		D		f
10			C		X					d	f		F		f	d	f		D		f
11								O	T		f	d	f		F		f	d	f		D
12		C									f	d	f		F		f	d	f		D
13							O				f	d	f		F		f	d	f		D
14	C			C	C	X			Q		f	d	f		F		f	d	f		D
15			X							D		f	d	f		F		f	d	f	
16						Q		T	X	D		f	d	f		F		f	d	f	
17							T			D		f	d	f		F		f	d	f	
18		X	Q					Q			D		f	d	f		F		f	d	f
19	X			X	X	T	Q				D		f	d	f		F		f	d	f
20		Q	T					X	C	f		D		f	d	f		F		f	d
21	Q			Q	Q		X			f		D		f	d	f		F		f	d
22		T								d	f		D		f	d	f		F		f
23	T			T	T	O				d	f		D		f	d	f		F		f
24								C		f	d	f		D		f	d	f		F	
25			O						X	f	d	f		D		f	d	f		F	
26							C				f	d	f		D		f	d	f		F
27		O				T			Q		f	d	f		D		f	d	f		F
28	O			O	O			X		F		f	d	f		D		f	d	f	
29			T			Q			T	F		f	d	f		D		f	d	f	
30							X			F		f	d	f		D		f	d	f	

Tábua Lunar de Outubro

Data	Signo	Elemento	Natureza	Fase
1 sex.	Touro	Terra	Semifértil	Ch
2 sáb. 15h56	Gêmeos	Ar	Estéril	Ch
3 dom.	Gêmeos	Ar	Estéril	Ch
4 seg.	Gêmeos	Ar	Estéril	Ch
5 ter. 3h55	Câncer	Água	Fértil	Ch
6 qua.	Câncer	Água	Fértil	Mi 7h12
7 qui. 16h23	Leão	Fogo	Estéril	Mi
8 sex.	Leão	Fogo	Estéril	Mi
9 sáb.	Leão	Fogo	Estéril	Mi
10 dom. 3h00	Virgem	Terra	Estéril	Mi
11 seg.	Virgem	Terra	Estéril	Mi
12 ter. 10h32	Libra	Ar	Semifértil	Mi
13 qua.	Libra	Ar	Semifértil	No 23h48
14 qui. 15h11	Escorpião	Água	Fértill	No
15 sex.	Escorpião	Água	Fértil	No
16 sáb. 17h58	Sagitário	Fogo	Estéril	No
17 dom.	Sagitário	Fogo	Estéril	No
18 seg. 20h08	Capricórnio	Terra	Semifértil	No
19 ter.	Capricórnio	Terra	Semifértil	No
20 qua. 22h39	Aquário	Ar	Estéril	Cr 19h00
21 qui.	Aquário	Ar	Estéril	Cr
22 sex.	Aquário	Ar	Estéril	Cr
23 sáb. 2h14	Peixes	Água	Fértil	Cr
24 dom.	Peixes	Água	Fértil	Cr
25 seg. 7h25	Áries	Fogo	Estéril	Cr
26 ter.	Áries	Fogo	Estéril	Cr
27 qua. 14h38	Touro	Terra	Semifértil	Cr
28 qui.	Touro	Terra	Semifértil	Ch 0h08
29 sex.	Touro	Terra	Semifértil	Ch
30 sáb. 0h11	Gêmeos	Ar	Estéril	Ch
31 dom.	Gêmeos	Ar	Estéril	Ch

Outubro

Aspectário Lunar — Dias Favoráveis e Desfavoráveis

	Sol	Mercúrio	Vênus	Marte	Júpiter	Saturno	Urano	Netuno	Plutão	Áries	Touro	Gêmeos	Câncer	Leão	Virgem	Libra	Escorpião	Sagitário	Capricórnio	Aquário	Peixes
1								Q			F		f	d	f		D		f	d	f
2			Q	T	T	X	Q				F		f	d	f		D		f	d	f
3	T	T						T		f		F		f	d	f		D		f	d
4									O	f		F		f	d	f		D		f	d
5			X	Q	Q		T			f		F		f	d	f		D		f	d
6	Q	Q								d	f		F		f	d	f		D		f
7					X	C				d	f		F		f	d	f		D		f
8	X			X				O		f	d	f		F		f	d	f		D	
9		X							T	f	d	f		F		f	d	f		D	
10			C				O			f	d	f		F		f	d	f		D	
11									Q		f	d	f		F		f	d	f		D
12					C	X					f	d	f		F		f	d	f		D
13	C			C				T	X	D		f	d	f		F		f	d	f	
14		C				Q	T			D		f	d	f		F		f	d	f	
15			X					Q			D		f	d	f		F		f	d	f
16						T	Q				D		f	d	f		F		f	d	f
17			Q	X	X			X		f		D		f	d	f		F		f	d
18	X								C	f		D		f	d	f		F		f	d
19		X		Q	Q		X			d	f		D		f	d	f		F		f
20	Q		T			O				d	f		D		f	d	f		F		f
21		Q			T			C		f	d	f		D		f	d	f		F	
22				T					X	f	d	f		D		f	d	f		F	
23	T	T					C			f	d	f		D		f	d	f		F	
24			O						Q		f	d	f		D		f	d	f		F
25					O	T					f	d	f		D		f	d	f		F
26				O				X	T	F		f	d	f		D		f	d	f	
27	O					Q	X			F		f	d	f		D		f	d	f	
28								Q			F		f	d	f		D		f	d	f
29		O				X					F		f	d	f		D		f	d	f
30			T		T		Q			f		F		f	d	f		D		f	d
31				T				T	O	f		F		f	d	f		D		f	d

Tábua Lunar de Novembro

Data	Signo	Elemento	Natureza	Fase
1 seg. 11h53	Câncer	Água	Fértil	Ch
2 ter.	Câncer	Água	Fértil	Ch
3 qua.	Câncer	Água	Fértil	Ch
4 qui. 0h32	Leão	Fogo	Estéril	Ch
5 sex.	Leão	Fogo	Estéril	Mi 02h54
6 sáb. 12h00	Virgem	Terra	Estéril	Mi
7 dom.	Virgem	Terra	Estéril	Mi
8 seg. 20h23	Libra	Ar	Semifértil	Mi
9 ter.	Libra	Ar	Semifértil	Mi
10 qua.	Libra	Ar	Estéril	Mi
11 qui. 1h06	Escorpião	Água	Fértil	Mi
12 sex.	Escorpião	Água	Fértil	No 11h28
13 sáb. 2h57	Sagitário	Fogo	Estéril	No
14 dom.	Sagitário	Fogo	Estéril	No
15 seg. 3h34	Capricórnio	Terra	Semifértil	No
16 ter.	Capricórnio	Terra	Semifértil	No
17 qua. 4h40	Aquário	Ar	Estéril	No
18 qui.	Aquário	Ar	Estéril	No
19 sex. 7h38	Peixes	Água	Fértil	Cr 2h51
20 sáb.	Peixes	Água	Fértil	Cr
21 dom. 13h12	Áries	Fogo	Estéril	Cr
22 seg.	Áries	Fogo	Estéril	Cr
23 ter. 21h17	Touro	Terra	Semifértil	Cr
24 qua.	Touro	Terra	Semifértil	Cr
25 qui.	Touro	Terra	Semifértil	Cr
26 sex. 7h25	Gêmeos	Ar	Estéril	Ch 17h07
27 sáb.	Gêmeos	Ar	Estéril	Ch
28 dom. 19h11	Câncer	Água	Fértil	Ch
29 seg.	Câncer	Água	Fértil	Ch
30 ter.	Câncer	Água	Fértil	Ch

Novembro

Aspectário Lunar | Dias Favoráveis e Desfavoráveis

	Sol	Mercúrio	Vênus	Marte	Júpiter	Saturno	Urano	Netuno	Plutão	Áries	Touro	Gêmeos	Câncer	Leão	Virgem	Libra	Escorpião	Sagitário	Capricórnio	Aquário	Peixes
1			Q				T			f		F		f	d	f		D		f	d
2	T				Q					d	f		F		f	d	f		D		f
3		T		Q		C				d	f		F		f	d	f		D		f
4			X		X			O		f	d	f		F		f	d	f		D	
5	Q								T	f	d	f		F		f	d	f		D	
6		Q		X			O			f	d	f		F		f	d	f		D	
7	X										f	d	f		F		f	d	f		D
8						X			Q		f	d	f		F		f	d	f		D
9		X	C		C			T		D		f	d	f		F		f	d	f	
10				C		Q			X	D		f	d	f		F		f	d	f	
11							T	Q			D		f	d	f		F		f	d	f
12	C					T					D		f	d	f		F		f	d	f
13		C			X		Q	X			D		f	d	f		F		f	d	f
14			X						C	f		D		f	d	f		F		f	d
15				X	Q		X			f		D		f	d	f		F		f	d
16	X		Q			O				d	f		D		f	d	f		F		f
17				Q	T					d	f		D		f	d	f		F		f
18	X	T					C	X		f	d	f		D		f	d	f		F	
19	O			T			C			f	d	f		D		f	d	f		F	
20		Q							Q		f	d	f		D		f	d	f		F
21	T					T					f	d	f		D		f	d	f		F
22					O			X		F		f	d	f		D		f	d	f	
23		T	Q			Q			T	F		f	d	f		D		f	d	f	
24				O			X	Q			F		f	d	f		D		f	d	f
25						X					F		f	d	f		D		f	d	f
26	O						Q				F		f	d	f		D		f	d	f
27					T			T		f		F		f	d	f		D		f	d
28		O					T		O	f		F		f	d	f		D		f	d
29			T	T	Q					d	f		F		f	d	f		D		f
30						C				d	f		F		f	d	f		D		f

Tábua Lunar de Dezembro

Data	Signo	Elemento	Natureza	Fase
1 qua. 7h50	Leão	Fogo	Estéril	Ch
2 qui.	Leão	Fogo	Estéril	Ch
3 sex. 20h01	Virgem	Terra	Estéril	Ch
4 sáb.	Virgem	Terra	Estéril	Mi 21h54
5 dom.	Virgem	Terra	Estéril	Mi
6 seg. 5h47	Libra	Ar	Semifértil	Mi
7 ter.	Libra	Ar	Semifértil	Mi
8 qua. 11h44	Escorpião	Água	Fértil	Mi
9 qui.	Escorpião	Água	Fértil	Mi
10 sex. 13h55	Sagitário	Fogo	Estéril	Mi
11 sáb.	Sagitário	Fogo	Estéril	No 22h30
12 dom. 13h42	Capricórnio	Terra	Semifértil	No
13 seg.	Capricórnio	Terra	Semifértil	No
14 ter. 13h10	Aquário	Ar	Estéril	No
15 qua.	Aquário	Ar	Estéril	No
16 qui. 14h24	Peixes	Água	Fértil	No
17 sex.	Peixes	Água	Fértil	No
18 sáb. 18h52	Áries	Fogo	Estéril	Cr 13h40
19 dom.	Áries	Fogo	Estéril	Cr
20 seg.	Áries	Fogo	Estéril	Cr
21 ter. 2h52	Touro	Terra	Semifértil	Cr
22 qua.	Touro	Terra	Semifértil	Cr
23 qui. 13h33	Gêmeos	Ar	Estéril	Cr
24 sex.	Gêmeos	Ar	Estéril	Cr
25 sáb.	Gêmeos	Ar	Estéril	Cr
26 dom. 1h39	Câncer	Água	Fértil	Ch 12h07
27 seg.	Câncer	Água	Fértil	Ch
28 ter. 14h15	Leão	Fogo	Estéril	Ch
29 qua.	Leão	Fogo	Estéril	Ch
30 qui.	Leão	Fogo	Estéril	Ch
31 sex. 2h34	Virgem	Terra	Estéril	Ch

Dezembro

Aspectário Lunar — Dias Favoráveis e Desfavoráveis

	Sol	Mercúrio	Vênus	Marte	Júpiter	Saturno	Urano	Netuno	Plutão	Áries	Touro	Gêmeos	Câncer	Leão	Virgem	Libra	Escorpião	Sagitário	Capricórnio	Aquário	Peixes
1										d	f		F		f	d	f		D		f
2	T		Q	Q	X			O		f	d	f		F		f	d	f		D	
3		T							T	f	d	f		F		f	d	f		D	
4	Q						O				f	d	f		F		f	d	f		D
5		Q	X	X		X			Q		f	d	f		F		f	d	f		D
6											f	d	f		F		f	d	f		D
7	X	X			C			T	X	D		f	d	f		F		f	d	f	
8						Q	T			D		f	d	f		F		f	d	f	
9			C	C				Q			D		f	d	f		F		f	d	f
10						Q	T				D		f	d	f		F		f	d	f
11	C	C			X			X	C	f		D		f	d	f		F		f	d
12							X			f		D		f	d	f		F		f	d
13				X	Q					d	f		D		f	d	f		F		f
14			X			O				d	f		D		f	d	f		F		f
15		X			T			C	X	f	d	f		D		f	d	f		F	
16	X		Q	Q			C			f	d	f		D		f	d	f		F	
17		Q									f	d	f		D		f	d	f		F
18	Q		T	T		T			Q		f	d	f		D		f	d	f		F
19		T			O			X		F		f	d	f		D		f	d	f	
20						Q			T	F		f	d	f		D		f	d	f	
21	T						X			F		f	d	f		D		f	d	f	
22								Q			F		f	d	f		D		f	d	f
23				O		X	Q				F		f	d	f		D		f	d	f
24		O	O		T			T		f		F		f	d	f		D		f	d
25									O	f		F		f	d	f		D		f	d
26	O						T			d	f		F		f	d	f		D		f
27					Q					d	f		F		f	d	f		D		f
28				T		C				d	f		F		f	d	f		D		f
29		T	T		X			O		f	d	f		F		f	d	f		D	
30									T	f	d	f		F		f	d	f		D	
31	T			Q			O			f	d	f		F		f	d	f		D	

Luas Fora de Curso

A Lua dá uma volta ao redor da Terra em cerca de 28 dias, passando através de cada um dos signos durante dois dias e meio (mais ou menos). Quando passa através dos 30 graus de cada signo, ela "visita" os planetas em ordem numérica, formando ângulos e aspectos com eles. Como ela se move um grau a cada duas horas ou duas horas e meia, sua influência sobre cada planeta dura apenas algumas horas. À medida que a Lua se aproxima dos últimos graus do signo pelo qual está passando, ela finalmente alcança o planeta que está no grau mais elevado desse signo e forma o que será seu último aspecto antes de partir para o signo seguinte. Depois que formou esse aspecto, considera-se que a Lua está fora de curso, ou vaga, até que entre num novo signo.

Pense nisso desta maneira: A Lua dá o "tom" emocional do dia, levando seus sentimentos ao signo que ela está "vestindo" no momento. Depois que entrou em contato com todos os planetas, simbolicamente ela "descansa" antes de mudar de roupagem. Portanto, nesse momento seus instintos estão temporariamente suspensos. É durante esse período que muitas pessoas se sentem "atordoadas" ou "confusas" – até mesmo distraídas. Planos e decisões feitos nessa hora em geral não dão certo. Sem o "conhecimento" instintivo que a Lua dá, à medida que atinge cada planeta, tendemos a ser irrealistas ou a fazer julgamentos equivocados. A definição tradicional de Lua fora de curso é que "nada resultará disso", o que parece verdadeiro. Ações iniciadas sob uma Lua fora de curso muitas vezes não dão em nada, são irrelevantes ou incorretas.

Embora não seja uma boa hora para iniciar planos, as tarefas rotineiras parecem não ser afetadas pelas Luas fora de curso. No entanto, esses períodos são ideais para que façamos o que a Lua mais sabe fazer: refletir. É nessa hora que conseguimos assimilar o que o mundo nos ensinou nos últimos dias.

Lembre-se também de que podemos usar a Lua fora de curso para outros propósitos. Essa é a época em que o universo parece estar mais aberto às possibilidades de evasão. O período é ótimo para fazer planos que você não quer concretizar ou agendar coisas que não quer fazer. Veja as tábuas das páginas 53-56 para ter uma visão das Luas fora de curso em 2004.

TÁBUAS DAS LUAS FORA DE CURSO

Último aspecto		Lua entra num novo signo		
Data	**Hora**	**Data**	**Signo**	**Hora**
		Janeiro		
2	16h22	3	Gêmeos	14h59
5	20h15	6	Câncer	3h39
7	17h00	8	Leão	14h38
10	19h00	10	Virgem	23h38
13	5h01	13	Libra	6h38
15	1h46	15	Escorpião	11h33
17	8h48	17	Sagitário	14h19
19	0h58	19	Capricórnio	15h25
21	2h34	21	Aquário	16h12
23	6h33	23	Peixes	18h30
25	8h10	26	Áries	0h07
28	1h59	28	Touro	9h47
29	23h05	30	Gêmeos	22h18
		Fevereiro		
2	9h56	2	Câncer	11h03
4	14h53	4	Leão	21h50
6	14h38	7	Virgem	6h03
8	21h23	9	Libra	12h13
11	2h42	11	Escorpião	16h58
13	10h39	13	Sagitário	20h36
15	17h20	15	Capricórnio	23h15
17	1h59	18	Aquário	1h28
19	14h34	20	Peixes	4h27
21	19h10	22	Áries	9h45
24	15h55	24	Touro	18h30
25	23h55	27	Gêmeos	6h23
29	7h08	29	Câncer	19h12
		Março		
3	0h42	3	Leão	6h18
5	14h13	5	Virgem	14h19
7	5h49	7	Libra	19h32
9	9h43	9	Escorpião	23h04
12	1h11	12	Sagitário	1h58
13	18h01	14	Capricórnio	4h52
16	2h32	16	Aquário	8h11
18	9h15	18	Peixes	12h26
20	17h57	20	Áries	18h29
22	12h14	23	Touro	3h10
24	19h29	25	Gêmeos	14h35
27	19h44	28	Câncer	3h24
30	13h00	30	Leão	15h08

TÁBUAS DAS LUAS FORA DE CURSO

Último aspecto		Lua entra num novo signo		
Data	**Hora**	**Data**	**Signo**	**Hora**
		Abril		
1	20h56	1	Virgem	23h46
3	15h23	4	Libra	4h53
5	18h26	6	Escorpião	7h25
7	8h06	8	Sagitário	8h51
9	21h30	10	Capricórnio	10h34
12	0h46	12	Aquário	13h33
14	16h27	14	Peixes	18h24
16	10h43	17	Áries	1h25
19	10h21	19	Touro	10h43
20	16h36	21	Gêmeos	22h11
23	20h22	24	Câncer	10h57
26	6h56	27	Leão	23h15
28	23h08	29	Virgem	9h01
		Maio		
1	8h31	1	Libra	15h03
3	13h49	3	Escorpião	17h39
4	18h36	5	Sagitário	18h08
7	8h50	7	Capricórnio	18h17
9	10h03	9	Aquário	19h47
11	16h31	11	Peixes	23h53
13	23h14	14	Áries	7h03
16	9h17	16	Touro	16h58
19	1h52	19	Gêmeos	4h48
21	9h13	21	Câncer	17h35
22	15h58	24	Leão	6h08
26	6h42	26	Virgem	16h52
28	13h17	29	Libra	0h23
30	16h09	31	Escorpião	4h08
		Junho		
1	18h15	2	Sagitário	4h53
3	14h12	4	Capricórnio	4h13
5	9h28	6	Aquário	4h11
7	15h09	8	Peixes	6h39
9	20h37	10	Áries	12h50
12	8h31	12	Touro	22h37
14	23h34	15	Gêmeos	10h44
17	17h27	17	Câncer	23h37
20	7h46	20	Leão	12h05
22	4h54	22	Virgem	23h10
24	14h19	25	Libra	7h50
26	20h41	27	Escorpião	13h14
28	21h57	29	Sagitário	15h16

Tábuas das Luas Fora de Curso

Último aspecto		Lua entra num novo signo		
Data	**Hora**	**Data**	**Signo**	**Hora**
		Julho		
30/6	23h53	1	Capricórnio	15h02
3	11h25	3	Aquário	14h23
4	23h15	5	Peixes	15h27
7	2h30	7	Áries	20h04
9	9h52	10	Touro	4h51
11	20h29	12	Gêmeos	16h45
14	9h33	15	Câncer	5h41
17	8h24	17	Leão	17h57
19	15h50	20	Virgem	4h45
21	18h48	22	Libra	13h40
24	18h54	24	Escorpião	20h09
26	7h48	26	Sagitário	23h49
28	12h06	29	Capricórnio	0h58
30	8h21	31	Aquário	0h54
		Agosto		
1	17h51	2	Peixes	1h35
3	23h58	4	Áries	5h00
6	10h59	6	Touro	12h26
8	21h46	8	Gêmeos	23h33
10	16h59	11	Câncer	12h21
13	7h17	14	Leão	0h31
15	22h24	16	Virgem	10h50
18	4h15	18	Libra	19h10
20	22h39	21	Escorpião	1h37
22	17h53	23	Sagitário	6h09
25	8h13	25	Capricórnio	8h47
26	23h58	27	Aquário	10h08
29	6h23	29	Peixes	11h34
31	5h28	31	Áries	14h46
		Setembro		
2	13h17	2	Touro	21h17
5	3h56	5	Gêmeos	7h25
7	15h08	7	Câncer	19h51
10	1h41	10	Leão	8h07
11	22h22	12	Virgem	18h17
14	21h55	15	Libra	1h54
16	22h31	17	Escorpião	7h25
19	9h24	19	Sagitário	11h30
21	13h19	21	Capricórnio	14h36
23	16h41	23	Aquário	17h10
25	3h25	25	Peixes	19h56
27	22h12	27	Áries	23h58
29	22h53	30	Touro	6h25

Tábuas das Luas Fora de Curso

Último aspecto		Lua entra num novo signo		
Data	**Hora**	**Data**	**Signo**	**Hora**
		Outubro		
2	13h34	2	Gêmeos	15h56
4	7h28	5	Câncer	3h55
7	9h13	7	Leão	16h23
9	7h42	10	Virgem	3h00
12	4h32	12	Libra	10h32
14	11h22	14	Escorpião	15h11
16	12h43	16	Sagitário	17h58
18	12h46	18	Capricórnio	20h08
20	18h59	20	Aquário	22h39
22	9h20	23	Peixes	2h14
25	2h17	25	Áries	7h25
27	9h24	27	Touro	14h38
29	18h50	30	Gêmeos	0h11
31	21h21	1/11	Câncer	11h53
		Novembro		
3	23h00	4	Leão	0h32
6	5h45	6	Virgem	12h00
8	15h32	8	Libra	20h23
11	1h02	11	Escorpião	1h06
12	22h34	13	Sagitário	2h57
14	12h58	15	Capricórnio	3h34
17	0h07	17	Aquário	4h40
19	2h50	19	Peixes	7h38
21	12h35	21	Áries	13h12
23	15h47	23	Touro	21h16
26	1h37	26	Gêmeos	7h25
28	12h04	28	Câncer	19h11
		Dezembro		
1	1h28	1	Leão	7h50
3	11h52	3	Virgem	20h01
5	23h28	6	Libra	5h47
8	5h41	8	Escorpião	11h45
10	8h03	10	Sagitário	13h55
12	1h03	12	Capricórnio	13h42
14	8h43	14	Aquário	13h10
16	5h33	16	Peixes	14h24
18	1h40	18	Áries	18h52
21	2h16	21	Touro	2h52
23	10h41	23	Gêmeos	13h33
25	10h30	26	Câncer	1h39
28	4h34	28	Leão	14h15
30	11h55	31	Virgem	2h34

Rituais Lunares para uma Saúde Melhor

Talvez você tenha observado o céu noturno certa noite e visto a Lua com todo o seu brilho – uma orbe maravilhosamente radiante. Neste momento lunar, alguma coisa sobre o modo como as plantas eram iluminadas por esse brilho, o modo como o luar banhou o seu rosto e a maneira como a luz da Lua chamou a sua atenção, lançou um encantamento na sua consciência. Você ficou em transe.

Há muito tempo a Lua vem sendo associada ao mistério, à magia e ao encantamento. As bruxas e feiticeiros escolhem determinadas noites para lançar seus feitiços e criar magia porque estão cientes da capacidade que a Lua tem de tornar seu trabalho mais eficaz. A força da Lua move os oceanos, influenciando as constantes marés cheia e vazante. Suas fases imitam a mudança regular das estações e os ciclos da natureza.

Desde a antigüidade, notamos que a Lua afeta a saúde e o comportamento humanos. Os povos antigos notaram que as plantas, os animais e os homens desenvolviam mais energia e intensidade com a aproximação da Lua Cheia. A palavra "lunático" deriva da palavra francesa *lune* (que significa "lua"). Assim dizemos que alguém é "lunático", "maluco" ou "excêntrico". A Lua parece aumentar a nossa sensibilidade e elevar a nossa percepção.

Astrologia, Saúde e a Lua

Os astrólogos notaram que a Lua cria um estado de ânimo ou ambiente diferente dependendo da constelação pela qual ela está passando. Assim, a Lua Cheia na constelação de Sagitário é bem diferente da Lua Cheia na constelação de Escorpião.

Na astrologia médica, cada signo zodiacal é associado a uma parte do corpo. Por exemplo, Leão se relaciona com o coração e Libra com os rins. Galeno (um famoso médico que treinou nas escolas de medicina da Alexandria em meados do século II) recomendou que as cirurgias não fossem feitas em certas partes do corpo quando a Lua estivesse no signo que regesse essa parte do corpo. Sendo assim, uma pessoa não devia ser operada dos rins quando a Lua estivesse em Libra, ou fazer cirurgia de joelho quando a Lua estivesse em Capricórnio.

Podemos desenvolver uma saúde melhor simplesmente entendendo o ciclo lunar e os seus trânsitos através dos signos astrológicos. Um dos melhores modos de trabalhar com os ciclos lunares é simplesmente observar a Lua Nova e a Lua Cheia – os dois períodos mais fortes do mês. Observar esses dois períodos centrais do ciclo nos coloca em contato com a energia da Lua e abre um bom espaço e tempo para criar rituais e atividades que ajudem a aumentar nossa saúde. Eis abaixo uma tabela que mostra em que signos a Lua Nova e a Lua Cheia estarão em 2004.

Janeiro	Lua Nova em Capricórnio	Lua Cheia em Câncer
Fevereiro	Lua Nova em Peixes	Lua Cheia em Leão
Março	Lua Nova em Áries	Lua Cheia em Virgem
Abril	Lua Nova em Touro	Lua Cheia em Libra
Maio	Lua Nova em Gêmeos	Lua Cheia em Escorpião
Junho	Lua Nova em Câncer	Lua Cheia em Sagitário
Julho	Lua Nova em Leão	Lua Cheia em Capricórnio
Agosto	Lua Nova em Leão	Lua Cheia em Peixes
Setembro	Lua Nova em Virgem	Lua Cheia em Áries
Outubro	Lua Nova em Libra	Lua Cheia em Touro
Novembro	Lua Nova em Escorpião	Lua Cheia em Gêmeos
Dezembro	Lua Nova em Sagitário	Lua Cheia em Câncer

As fases Nova e Cheia da Lua são períodos-chave para trabalhar com a saúde, fazendo orações, rituais e transformando a nossa consciência para ajudar a apoiar os processos naturais de cura. A Lua Nova é um "tempo semente", quando podemos estabelecer os nossos objetivos. As Luas Cheias são períodos de magia e transformações, quando podem ocorrer mudanças nos nossos padrões de saúde. Cada fase da Lua num determinado signo astrológico carrega uma espécie de energia ou freqüência. Podemos acessar essa freqüência e utilizá-la para aumentar a nossa saúde. A Lua Nova é o ponto semente; o primeiro quadrante da Lua (a fase crescente) representa o processo de crescimento; o terceiro quadrante da Lua (a fase minguante) é o período de decadência e a Lua escura (ou Lua Nova) é a morte e começa outra vez um novo período de nascimento.

Se você tem sentido dor, mal-estar ou se certa parte do seu corpo está doente, você pode escolher um tempo da Lua que se relacione com essa parte do corpo para curar num nível fundamental. Você não tem de esperar por uma Lua Nova ou Cheia perfeitas, você pode escolher uma fase em que a Lua esteja transitando pela constelação correta. A Lua Crescente é útil para aumentar, alimentar e fortalecer a nossa energia. Luas Minguantes são boas épocas para desintoxicar, excretar e liberar velhos estados emocionais.

Convém conhecer o signo lunar, se você quiser desenvolver rituais e estabelecer propósitos que ajudarão no processo de cura. Por exemplo, se você tem se sentido apático, indiferente e incapaz de fazer os seus sucos criativos fluir, pode ser útil fazer um ritual numa Lua do elemento Fogo (Áries, Leão, Sagitário). Se você tem estado impaciente e excessivamente agitado, pode ser útil escolher uma Lua do elemento Água (Câncer, Escorpião, Peixes) para esfriar e relaxar. Às vezes estas circunstâncias emocionais podem manifestar-se como problemas na saúde física. Às vezes, nos sentimos frustrados e zangados; uma mulher pode ter um tempo difícil com seu período menstrual, ou outra pode desenvolver rachaduras na pele. Um bom ritual lunar pode ajudar a equilibrar e restabelecer o organismo fazendo-o voltar ao equilíbrio. Executar o ritual com uma boa fixação à terra, num signo lunar do elemento Terra, como Touro ou Capricórnio, pode ajudar a acalmar a sua energia e reduzir o *stress* intenso que causa o distúrbio físico.

A Lua, o Ritmo e a Doença

Estar consciente do ciclo lunar, à medida que ele passa através do zodíaco, elevará a sua habilidade de sintonizar-se com a freqüência do seu próprio corpo. A enfermidade e a doença ocorrem quando um aspecto do corpo não está em harmonia rítmica com o resto do corpo. Por exemplo, as células cancerígenas se multiplicam depressa e estão fora de sincronia com os ritmos corporais. Nas doenças do fígado, o tecido e as células se tornam mais lentos e morrem, porque não conseguem acompanhar o dilúvio de toxinas que entra. Um passo-chave no trabalho de cura com a Lua é ligar-se outra vez ao ritmo estável saudável encontrado na natureza. Ao sintonizar o corpo com esses ritmos naturais, ele tem uma chance maior de curar-se. Um modo de fazer isso é imaginar que você está numa orquestra tocando uma sinfonia. Um dos violinos está desafinado e o violinista está errando as notas. Isso faz toda a orquestra soar mal. O regente – você – sinaliza para o executante voltar ao ritmo principal e afinar o seu instrumento. Assim que isso acontece, o som de toda orquestra é maravilhoso outra vez.

Rituais Lunares para uma Saúde Melhor

Os rituais podem ser favorecidos com um altar ou espaço especial onde os instrumentos simbólicos possam ser colocados. Ao dispor esses instrumentos, você cria uma estrutura para a cura num nível mais profundo. Também sugiro ervas diferentes, pedras e animais totêmicos com os quais irá trabalhar durante o ritual.

Criar um ritual pode ser muito simples. Primeiro, tome um banho e limpe-se bem; em seguida, da lista incluída aqui, selecione os seus objetos simbólicos – ervas, pedras, animais totêmicos, aromas, etc. Listei os objetos do ritual que se relacionam com cada signo, mas há muitos mais. Encontre um lugar tranqüilo e instale um pequeno altar onde possa colocar os objetos destinados a aumentar a intensidade do momento. Então, simplesmente peça orientação, à medida que revela as suas intenções e faz as suas orações para a cura.

Áries

Corpo físico: cabeça
Objetos do ritual: velas vermelhas, incenso
Tótens: carneiro, tubarão, águia e lobo
Pedras e metais: granada vermelha, ferro
Ervas: pimenta-de-caiena, canela e manjericão
Aromas: cravo, canela e manjericão

Rituais feitos neste período da Lua são úteis para fortalecer os impulsos criativos e a iniciativa. O período é ótimo para fazer um ritual para os que estão se sentindo atolados ou presos numa rotina. A estagnação pode deixar você ficar fleugmático e aumentar de peso. Uma Lua em Áries é boa para resolver problemas menstruais, caso haja excesso de cólicas ou falta do fluxo. As Luas em Áries servem para fazer a energia fluir e para abrir os canais criativos e passionais. Ela também pode ser útil para pessoas que queiram iniciar um projeto e precisam divulgar as suas intenções.

Touro

Corpo físico: garganta, pescoço, glândula tireóide
Objetos do ritual: velas verdes, flores e música suave
Tótens: vaca, touro, porco-do-mato, urso, corruíra

Pedras e metais: cobre, malaquita, esmeralda
Ervas: unha-de-cavalo, salva, elmo escorregadio
Aromas: rosa, ylang-ylang

Rituais com a Lua em Touro são úteis para fixar energia ao solo com firmeza. Quando descontrolados, nós nos sentirmos dispersos em um milhão de direções, ou emagrecemos demais ou ficamos incrivelmente estressados: o período da Lua em Touro nos ajuda a encontrar o nosso centro, a paz e a estabilidade. Se você anda se queixando do sistema nervoso ou de distúrbios estomacais e intestinais causados pela ansiedade ou o *stress*, um ritual com a Lua em Touro ajudará você a fixar a energia e aliviará a tensão. As fases da Lua em Touro são úteis se você quer entrar em contato com a sua energia sensual. Atividades maravilhosas para essa fase são as massagens, a jardinagem, praticar sexo, cozinhar e preparar uma refeição deliciosa.

Gêmeos

Corpo físico: braços, mãos, pulmões, sistema nervoso
Objetos do ritual: velas amarelas ou brancas, carrilhões, sinos
Tótens: coiote, raposa, borboleta, libélula
Pedras: ágata, topázio
Ervas: verbasco, hortelã, verbena
Aromas: hortelã, tomilho, lavanda

Quando a Lua está em Gêmeos, o período é ótimo para melhorar a sua vida social e para ajudá-lo a pensar e a falar com clareza, com mais ênfase. Se você tem dificuldade para dar sua opinião, e usou suas palavras e pensamentos para magoar e destruir a si mesmo e aos outros, trabalhe com esse período da Lua e torne-se mais ponderado no que pensa e diz. Este é um bom período para orar e estabelecer objetivos úteis em que usar as suas habilidades verbais e mentais. O que dizemos e pensamos causa um grande impacto sobre a comunidade em torno de nós. Gêmeos é associado à imagem do mensageiro, e este é um bom período para descobrir qual é a sua mensagem essencial nesta vida.

Câncer

Corpo físico: seios e estômago
Objetos do ritual: velas azuis, tigelas com água, pinturas marítimas
Tótens: caranguejo, sapo, tartaruga, pato
Pedras e metais: Pedra-da-lua, prata
Ervas: aparina, endro, erva-cidreira, nastúrcio, salgueiro
Aromas: jasmim, erva-cidreira

Quando a Lua estiver em Câncer concentre-se na família, no lar e alimente-se e aos seus entes amados. Um dos melhores modos de fazer tudo isso é preparar uma refeição caseira variada para os amigos e a família. Compartilhar o riso, a alegria e a intimidade com amigos e parentes é um dos melhores modos de fortalecer os relacionamentos e tornar um lar tranqüilo e feliz. Uma refeição bem preparada também alimenta muito bem o corpo. Se você se sentir emocionalmente estagnado, assustado ou inseguro, um ritual de cura pode ajudá-lo a vencer a ansiedade. A Lua em Câncer serve para trabalhar com temas relacionados com a segurança.

Leão

Corpo físico: coração
Objetos do ritual: velas vermelhas e douradas
Tótens: leão, alce, cotovia do prado, tordo
Pedras e metais: âmbar, citrino, ouro, rubi
Ervas: Borragem, girassol, espada-de-são-jorge, malmequer
Aromas: âmbar, neroli

Quando a Lua estiver em Leão, honre a sua criança interior. Se anda se sentindo apático e desanimado, a Lua em Leão ajudará você a obter a energia necessária para desfazer os bloqueios e abrir a porta para uma personalidade mais alegre e brincalhona. Leão é associado à criança em todos nós. É fácil os adultos atolados numa rotina de trabalho e responsabilidades diárias esquecerem-se do eu infantil. A energia intensa da Lua em Leão pode lembrá-lo de rir, brincar e aproveitar o momento, como fazem as crianças. As crianças estão intrinsecamente envolvidas em cada momento e naturalmente conscientes das suas interações e experiências. A Lua em Leão serve para analisar o que significa dar uma contribuição para o mundo, compartilhar talentos e dons especiais com as outras pessoas. Expressando essa capacidade única, entramos em contato com o nosso centro de poder e de força. Podemos canalizar nossa dádiva de compor música, dirigir um negócio, fazer trabalho de cura ou escrever poesia quando acessamos o divino interior. Esta luz atua como um farol para orientar as outras pessoas, e encorajá-las a desenvolver seus próprios dons.

Virgem

Corpo físico: intestinos, sistema nervoso
Objetos do ritual: velas verdes e azul-escuras
Tótens: rato, esquilo, abelha
Pedras: jade, malaquita
Ervas: aveia, cravo vermelho, cáscara sagrada
Aromas: tomilho, erva-cidreira, funcho, salva

Quando a Lua estiver em Virgem, você deve entrar em contato com três qualidades pessoais: precisão, atenção e serviço. Se anda se sentindo dispersivo e seus esforços no mundo têm sido malfeitos – sem consideração ou carinho – a Lua em Virgem pode ajudá-lo a recuperar o equilíbrio. Uma das mais importantes lições de Virgem é que até mesmo o menor dos detalhes na vida é um aspecto essencial da vida como um todo. Deve-se dar tanta atenção e amor aos pequenos detalhes como se dá aos aspectos maiores da vida. Podemos optar por ver cada ação como um pequeno trabalho que temos de acabar depressa, ou ver cada ação como um modo de desenvolver mais cuidado, compaixão e serviço em nossa vida. Pequenos atos – limpar a casa para a nossa família, cozinhar uma refeição para um amigo, elogiar as qualidades de um colega de trabalho ou passar um tempo com uma criança – são atos de serviço típicos de Virgem. Em última análise, a maioria das ações que empreendemos na vida diz respeito ao nosso relacionamento com as outras pessoas e com a Terra. A Lua em Virgem nos ensina a prestar serviço em todos os aspectos da nossa vida.

Libra

Corpo físico: rins, parte inferior das costas, abdômen
Objetos do ritual: velas brancas, azul-claras e amarelas, penas
Tótens: veado, coelho, pombo, andorinha, cisne
Pedras: quartzo róseo, jade
Ervas: salsa, rosa, alcaçuz
Aromas: rosa, framboesa

Libra é símbolo de equilíbrio. O equilíbrio é um tema importante em todos os aspectos da nossa vida: relacionamentos, trabalho, família e objetivos pessoais criativos. Talvez tenhamos nos concentrado numa área da nossa vida à custa de outra. Quando a Lua está em Libra, convém trabalhar com o equilíbrio. Ore e faça o propósito de criar novas prioridades que respeitem o equilíbrio em todas as áreas da sua vida. A Lua em Libra também é ótima para concentrar-se nos relacionamentos – especialmente nos românticos. A Lua em Libra determina um tempo para demonstrar carinho, agradecendo as dádivas do parceiro e as qualidades que fizeram você admirá-lo.

Escorpião

Corpo físico: órgãos sexuais e reprodutores, cólon, próstata, reto
Objetos do ritual: velas pretas e castanhas, fotografia dos ancestrais
Tótens: morcego, crocodilo, lagarto, cobra, coruja
Pedras: obsidiana, quartzo enfumaçado
Ervas: manjericão, framboesa, salsaparrilha, alho
Aromas: salva e patchouli

A Lua em Escorpião talvez seja a mais mágica e transformadora. Muitas vezes podemos sentir as coisas num nível profundo, intenso durante esse período lunar. Luas em Escorpião são períodos em que podemos reconhecer alguns aspectos mais sombrios da nossa vida emocional, como pontos de ódio e medo; mas também é um período para reconhecermos os nossos dons essenciais e a beleza, aprendendo a transformar as emoções negativas com cura e amor. Convém liberar a energia emocional estagnada e ligar-se aos reinos ocultos e invisíveis. O trabalho mágico e espiritual é tremendamente elevado com essa Lua. Finalmente, a Lua em Escorpião é associada à morte e ao ato de morrer, tornando esse um bom período para louvar os ancestrais e agradecer-lhes seus ensinamentos e sabedoria.

Sagitário

Corpo físico: fígado, quadril, coxas, nervo ciático
Objetos do ritual: velas vermelhas e púrpura
Tótens: cão, elefante, cavalo
Pedras: ametista, coralina
Ervas: equinácea, sabugueiro, chicória, dente-de-leão
Aromas: sândalo, junípero, cedro

No signo fogoso de Sagitário – um signo bem conhecido por apreciar uma vida de riqueza – pode haver um profundo desejo de brincar, fazer uma festa, ficar fora até tarde, comer bem e beber um pouco. É bom que gozemos um pouco esses prazeres da vida, mas temos de ter o cuidado de não exagerá-los. Esse período lunar é bom para aventurar-se e explorar a vida. Se estivemos envolvidos demais com os detalhes mundanos, esta Lua pode ajudar-nos a expandir. A Lua em Sagitário também tem a qualidade de atear nosso fogo social e criativo. Para as pessoas que se sentem um pouco letárgicas, fatigadas e com baixa energia, pode ser o momento de renovar-se e revigorar-se.

Capricórnio

Corpo físico: pele, ossos, dentes, joelhos
Objetos do ritual: velas verde-escuras e castanhas
Tótens: castor, cabrito montês, corvo, pica-pau
Pedras e metais: diamante, chumbo, ônix
Ervas: confrei, pinho, tanchagem, cavalinha, carvalho
Aromas: cedro e salva

A Lua em Capricórnio é um período para criar alicerces sólidos e desenvolver projetos em nossa vida. Se você tem dificuldade para sentir-se motivado e muitas vezes procrastina, a Lua em Capricórnio pode ajudá-lo a desenvolver a força de vontade, a ambição e a habilidade de seguir em frente na vida. Luas em Capricórnio também são períodos para cuidar das suas bases físicas, emocionais e espirituais. Se você não tiver uma posição estabelecida, fundamentada em intenções autênticas, você poderá tomar um caminho que não é saudável na vida. Examinar os alicerces significa olhar para como estamos assentando a nossa vida num nível fundamental.

A Lua em Capricórnio é um bom período para você se ajustar, a fim de que os alicerces sejam lançados apropriadamente.

Aquário

Corpo físico: Tornozelos, circulação, sistema nervoso
Objetos do ritual: velas azul-claras ou brancas, penas, sinos
Tótens: Golfinho, beija-flor
Pedras: granada, peridoto
Ervas: lavanda, lobélia
Aromas: eucalipto, canela, cravo

A Lua em Aquário serve para você abrir-se a modos revolucionários, progressistas e inusitados de agir e pensar sobre a vida. Aquário é associado à centelha divina da inteligência e da iluminação. É um período para concentrar-se nos interesses do grupo. Nesse período você pode fazer o propósito de desenvolver vínculos mais sólidos com a sua comunidade e reunir grupos de pessoas diferentes. Observe como usa a cafeína, o açúcar e a estimulação eletrônica e veja como eles estão afetando o seu sistema nervoso. Se depende demais dessas coisas, você deve procurar restabelecer o equilíbrio com a Lua em Aquário.

Peixes

Corpo físico: pés, sistema imunológico
Objetos do ritual: velas azuis e azul-esverdeadas
Tótens: lontra, salmão, foca, baleia, grande garça azul
Pedras: coral, opala, labradorita
Ervas: alga marinha, cavalinha, salva
Aromas: Lótus, incenso, salva

A Lua em Peixes está associada ao modo como encontramos a transcendência em nossa vida. Para algumas pessoas, ela vem através da música e da arte. Outras a conseguem através da meditação, e outras ainda, a encontram numa garrafa de uísque. Há modos saudáveis e nocivos de descobrir a transcendência. Um dos melhores modos de trabalhar com a Lua em Peixes é analisar os seus sonhos. Essa análise é feita pelo seu inconsciente e lhe dá acesso às mensagens importantes que são expressas simbolicamente nas imagens noturnas. Esse é um período para ver a vida de diferentes perspectivas. A Lua em Peixes ajudará você a abrir-se emocionalmente se estiver se sentindo fechado e frio. Muitas vezes somos mais permeáveis às influências externas durante esse período, o que torna importante você ficar protegido e firme para não ser sufocado por essas influências.

De todas as coisas belas que dizem respeito à alma, restauradas e devolvidas à luz da nossa época, nenhuma é mais grata ou fértil em promessa divina e confiança do que esta: Você é o senhor das suas idéias, o modelador do seu caráter, o criador das condições, do ambiente e do destino.

– *James Allen*

A Escolha do Momento Certo

A astrologia de eleição diz respeito a uma espécie de "escolha" do momento para começar qualquer empreendimento. Digamos, por exemplo, que você começou um negócio. O negócio terá altos e baixos, bem como atingirá o seu potencial, segundo a promessa feita pelo universo na hora em que o negócio começou – sua hora de nascimento. O horóscopo (mapa natal) estabelecido para a hora do início desse negócio indicará o seu caminho.

Então, talvez você faça a si mesmo a pergunta: se o horóscopo para o início de um negócio pode mostrar o sucesso ou o fracasso, por que não iniciá-lo no momento mais favorável ao empreendimento? Bem, você pode fazer isso.

Embora não exista um momento "perfeito", há momentos e dias melhores para executar determinadas atividades. Há milhares de exemplos que provam que a astrologia de eleição não só é prática, mas que ela pode deixar uma marca em nossa vida. Recentemente tive provas do benefício de levar o signo da Lua em conta na hora de fazer planos.

Se você pudesse marcar os compromissos num horário em que os participantes estivessem despertos, atentos e cooperativos, você não faria isso? E a maioria de nós não gostaria de acertar na escolha de uma roupa nova? Detesto comprar um acessório e perceber alguns dias depois que nunca usarei aquele item outra vez.

Existem regras para escolher o momento de começar várias atividades. Você obterá instruções detalhadas sobre como fazer essas escolhas abaixo.

Escolhas Personalizadas

As regras da escolha dadas neste Almanaque são baseadas nas posições planetárias no momento para o qual a escolha é feita. Tente não depender de nenhum tipo de mapa natal. No entanto, um mapa astral baseado na hora, data e local de nascimento de um evento tem suas vantagens.

Por que um mapa é importante se você pode fazer as escolhas sem dispor de um? Porque nenhuma escolha é eficaz para todas as pessoas. Por exemplo, você pode sair de casa na mesma hora que seu amigo para iniciar uma viagem, mas cada um de vocês fará uma experiência diferente conforme o mapa favoreça ou não essa viagem.

Nem todas as eleições requerem um mapa de nascimento, mas a escolha do momento certo para eventos muito importantes – início de negócios, casamentos, etc. – se beneficiaria com a exatidão dada por um mapa natal.

Algumas coisas a levar em conta – Você provavelmente já fez escolhas certas na sua vida. Pode ter acontecido de você estar no lugar certo na hora certa, a tempo de encontrar um velho amigo que você não via há anos. Com freqüência, quando alguma coisa assim acontece, é o resultado de seguir um impulso intuitivo – aquele que "vem das entranhas".

Embora não exista tempo perfeito, decididamente há dias melhores e piores para certas atividades. A astrologia de eleição é uma ferramenta que pode ajudar você a sintonizar-se com as energias, presentes e futuras, disponíveis devido às posições planetárias.

Significadores – Veja quais são os "significadores" (planetas, signos e casas que regem o assunto) importantes para a sua escolha. A Lua é o significador mais importante em qualquer escolha, assim a Lua sempre deve estar "fortalecida" (forte por signo, fazendo aspectos favoráveis com outros planetas). Os aspectos da Lua com outros planetas são mais importantes do que o próprio signo em que a Lua está.

Outros significadores importantes são o Ascendente e o Meio-do-Céu, com os seus regentes, a casa que rege a matéria da escolha e o regente do signo na cúspide da casa. Finalmente, qualquer planeta ou signo que tenha um regente geral sobre o assunto em questão deve ser levado em conta.

Natureza e fertilidade – Determine a natureza geral do signo apropriado para sua escolha. Por exemplo, a maior parte do trabalho na agricultura é regido pelos signos de Terra: Virgem, Capricórnio e Touro, ao passo que os signos de Ar: Gêmeos, Aquário e Libra, regem os assuntos intelectuais.

Comentário final – Use o bom senso. Se você precisa fazer algo, como plantar o jardim ou fazer uma viagem de avião num dia que não tenha os melhores aspectos, continue da mesma maneira, mas tente minimizar os problemas. Por exemplo, saia cedo para o aeroporto a fim de evitar atrasos. Se não tiver outra escolha, faça o melhor que puder nas circunstâncias do momento.

O espírito é a essência da consciência, a energia do universo que cria todas as coisas. Cada um de nós é parte desse Espírito – uma entidade divina. Assim, o Espírito é o Eu Superior, o ser eterno que vive dentro de nós.

– *Shakti Gawain*

Grandes Vendas com a Lua

Vender pode parecer um território solitário nos negócios ou no comércio, mas, como a Lua, ele toca as profundezas da psique humana. Vender requer compreensão, encontrar uma base comum, ou compartilhar motivações interiores para dar satisfação tanto ao vendedor quanto ao comprador. Embora essa compreensão talvez não dure muito, ela flui de uma necessidade interior específica, propalada pelo vendedor bem-sucedido.

Esses vendedores bem-sucedidos têm alguns atributos em comum. Eles interagem. Ouvindo, eles descobrem os verdadeiros desejos dos clientes, e sabem que uma venda satisfatória resolve a sua necessidade de vender e a necessidade que os seus clientes têm de comprar.

Embora pensemos nas vendas como um trabalho, nós negociamos todos os dias. Uma mulher persuade o marido a ajudá-la nas suas tarefas. Uma criança troca o sanduíche feito em casa por um pedaço de torta de maçã com seu colega. Um empregado mostra um serviço que leva o empregador a lhe dar uma promoção ou a aumentar o seu salário. O que todas essas pessoas fazem é comunicar uma profunda necessidade ou crença testando um desejo comum, que valida essa necessidade ou crença.

Em poucas palavras, o tema relacionado com as vendas se refere a um método comprovado de valorização pessoal, fazendo com que nos sintamos bem com nós mesmos. Por este motivo, vender não é propaganda nem marketing, que só servem como chamariz para os compradores em potencial ou aqueles interessados num acordo. Essas técnicas não criam o mero aperto de mãos que sela um acordo, o fluxo suave da tinta ao assinar na linha pontilhada de um contrato, nem o delicioso toque do papel-moeda e o peso das moedas nas mãos.

Persuasão e Propaganda

A Lua representa um papel dinâmico para o vendedor. Através da Lua nós atendemos às nossas necessidades mais profundas, especialmente as que representam coisas essenciais para a sobrevivência pessoal. Além das necessidades físicas de alimentos, água e ar, as condições aceitáveis para as pessoas continuarem vivas são muito diferentes. Algumas pessoas exigem pouco, além do sustento básico. Outras não podem viver sem a expressão criativa. Certas pessoas precisam de *status*, riquezas ou posses.

Quando as nossas necessidades não são atendidas, nós nos deparamos com a necessidade de achar uma solução. Felizmente para o resto de nós, algumas pessoas descobrem métodos interessantes ou coisas que dão uma satisfação profunda e duradoura. Em vez de se curvarem diante do espectro da ameaça ou da carência, elas deixam a Lua levá-las a conquistar uma intensa proteção pessoal que atende aos seus anseios mais profundos. Essas pessoas não ganham somente a sobrevivência, elas adquirem uma fé intrínseca na solução. A fé em que a solução funciona continua a integrar suas crenças pessoais sobre uma melhora de vida. Elas são capazes de falar positivamente sobre a solução e de desenvolver uma integridade autêntica quanto à mesma. Tendo reconciliado as necessidades lunares de sobrevivência, a Lua dá a essas pessoas o mais poderoso traço do vendedor – a confiança em si mesmo.

Nascida da plenitude, a auto-afirmação nas vendas marca a diferença entre as técnicas verbais de persuasão e propaganda. Apesar de ambos os métodos de comunicação oferecerem informação, eles diferem no modo como os fregueses tomam suas decisões. *Grosso modo*, a persuasão e a propaganda são os paralelos da venda tranqüila e da venda difícil. A persuasão, ou venda tranqüila, dá ao cliente informação verificável, oferece sugestões sobre como o produto ou serviço melhora ou muda a situação do freguês e permite que este tome uma decisão bem pensada. Por outro lado, a propaganda, ou venda difícil, requer que a informação seja aceita como verdadeira, força a crença no fato de que o produto ou serviço é necessário para uma existência mais rica e exige um acordo imediato. A venda difícil muitas vezes projeta a "excitação da caçada", alienando o vendedor do comprador, eliminando um aspecto muito importante no relacionamento de vendas.

A idéia de relacionar-se com o comprador reflete a sensibilidade fluida da Lua. Embora nem todos os vendedores sejam cancerianos ou tenham nascido com uma Lua proeminente, os bem-sucedidos moldam a sua imagem pessoal, eloqüência e apresentação de acordo com as necessidades individuais e os desejos expressos pelos clientes em potencial. Conseqüentemente, um bom vendedor manifesta a variabilidade de mudança das formas da Lua. Assim como a água assume a forma do recipiente que a contém, os vendedores atenciosos imitam as posturas intelectuais, emocionais e algumas vezes até mesmo físicas dos seus fregueses, a fim de criar um intercâmbio confortável.

A Lua e o Público Comprador

Naturalmente, a habilidade de vender não significa nada se não tentarmos vender para pessoas dispostas a comprar. A Lua nos dá um amplo e variado campo de potenciais, à medida que pensamos nas nossas crenças mais profundas que fazem parte dos desejos dos clientes.

Na astrologia política e mundana, a Lua representa o público e o conjunto das suas opiniões. No horóscopo natal, a Lua ainda indica o público, mais especificamente, mostra a receptividade do público a você, ou a disposição de concordar com as suas crenças, perspectiva e persuasão. No entanto, a Lua altamente adaptável cria uma influência de mão dupla, mostrando a sua melhor abordagem de vendas para o público, a fim de desenvolver as vendas e mantê-las constantes. Como a Lua floresce em situações de similaridade, as descrições que ela faz das suas bases pessoais de conforto e segurança ecoam em segmentos significativos do público, permitindo que você entre em contato com clientes e fregueses viáveis. Além disso, a Lua natal delineia os tipos particulares de bens e serviços que você tem satisfação de promover e que simbolizam a sua segurança e proteção pessoal.

A abundância de informação deriva da posição da Lua por signo e casa no seu horóscopo natal. Fortalecida com a motivação lunar, a sua habilidade de vender pode gerar um surpreendente sucesso comercial. Abaixo são reveladas as descrições gerais das posições da Lua para ajudar você a tornar-se um vendedor mais bem-sucedido.

Lua em Áries ou na Primeira Casa

A sua abordagem às vendas é frontal e você fala com qualquer pessoa que venha atender à porta. Você tem de ser o primeiro a atender os grandes clientes. Você confia na sua agressividade. Dê tempo para o freguês dizer o que quer por palavras ou ações, mesmo que ele seja lento em se decidir.

O freguês deliberativo, que gosta de digerir os fatos, não é apropriado para você. Você prospera com pessoas que sabem o que elas querem, e você as coloca na categoria de "compradores impulsivos"; mas elas parecem impulsivas porque já conhecem as vantagens do produto ou serviço. Depois de uma venda, os seus melhores fregueses precisam de pouco serviço ou orientação. Conseqüentemente, você atende melhor os empresários que gostam de pensar por si mesmos.

Os bens e serviços refletem o temperamento ardente, sedento de novidades e de precisão de Áries. Para satisfazer a sua dinâmica de Fogo, você se sente à vontade vendendo máquinas elétricas, caldeiras, forjas, armas, fogões, rubis, ervas picantes e sazonais e, naturalmente, café. Imóveis em terrenos novos, pastagens virgens e solo sagrado para livres pensadores e nudistas refletem as suas preferências pela novidade e originalidade, tal como os artigos e mobílias para bebês. Quando se trata de precisão, trata-se de instrumentos de percussão ou cortantes. Procure vender machados, ferramentas para engenharia, equipamento motorizado, instrumentos musicais de percussão, instrumentos afiados para cirurgias ou açougues, máquinas a vapor, espadas, ou as armas que acompanham a parafernália da aparelhagem militar. Se você gravitar para os esportes, considere viagens aventureiras de férias, arenas, ginásios esportivos, abrigos para cães, jogos competitivos e equipamento esportivo.

Lua em Touro ou na Segunda Casa

Você gosta das pessoas que demoram e despendem carinhosamente seu esforço antes de comprar. Embora faça o primeiro contato, você deixa os clientes apreciar e avaliar antes de se decidirem. Você quer uma venda segura. Os bens e serviços precisam ter um valor inato, reconhecível, têm que continuar vendendo e dando lucro ao serem revendidos. A persistência gentil e um forte conhecimento criam um vínculo de confiança que lhe rende muito boas referências.

Até certo ponto, os seus clientes e fregueses querem exibição ou adornos que anunciem o sucesso. Embora a beleza exterior seja importante, o valor intrínseco deve transparecer. Espere que os seus clientes sejam pessoas muito endinheiradas, bem-educadas, que costumam gratificar-se, em maior ou menor escala.

Os bens materiais, os prazeres mundanos, o conforto físico e as posses rentáveis e palpáveis demonstram a sua necessidade de segurança. Imóveis são um item vencedor para Touro e você se dará bem vendendo barbearias, salões de beleza, terra cultivada para pasto, cafés ao ar livre e restaurantes. Esses prazeres mundanos são uma festa para os olhos ou a barriga. Venda quaisquer produtos que sirvam ao embelezamento externo, como estátuas de bronze, ervas delicadas, flores para jardins, paisagismo e estatuária, ladrilhos, plantas e videiras. Em festivais gastronômicos, trate de vender doces o tempo todo. Os confortos físicos pessoais suavizam e refletem uma vida fácil, além de satisfazer o sentido do tato. Tenha objetos que você possa acariciar, inclusive pequenos animais de estimação, como gatos de pêlo macio e coelhos. Uma combinação de conforto, segurança e exibição exige uma mobília luxuosa, com almofadas arredondadas e madeiras esmaltadas, boas jóias sem ostentação, ou trajes enfeitados de seda, laços e fitas, principalmente o enxoval de noiva. Os serviços em propriedades palpáveis incluem investimentos, seguros e cofres de segurança.

Lua em Gêmeos ou na Terceira Casa

A sua melhor abordagem de vendas consiste na fala e na comunicação. Você prospera com uma grande variedade de artigos. Conhecedor do assunto e disposto a informar, você brilha ao lidar com grupos tagarelas em que a apresentação inicial gera um entusiasmo tão grande, que permite que um vendedor menos extrovertido faça a venda depois. Com essa necessidade de variedade, você também se sai bem com produtos ou serviços desenvolvidos na rota que põe você em contato constante com pessoas diferentes. Embora seja atraente, você costuma ser pessoal com seus clientes, o que torna você uma excelente pessoa para apresentações em eventos e competições públicas.

Objetive serviços de negócio para negócio, em que os seus clientes usarão o serviço para os prospectos do negócio deles. Procure os seus clientes entre as pessoas que entendem os conceitos, mas manipulam as idéias para atender às próprias necessidades.

A influência de Gêmeos contribui para uma mentalidade comunicativa vivaz e para viagens curtas que melhoram a sua habilidade de vendedor. Para satisfazer a mente primorosa, você não se sente atraído pela complexidade de uma educação prolongada. Pense em vender produtos e serviços para o aprendizado a curto prazo, como escolas de grau, colégios e cursos de pós-graduação. No campo da comunicação, destaca-se a propaganda, mas você também se sente à vontade com suprimentos de arte, quadros-negros, sinais de trânsito, serviços de mensagens, jornais, serviços postais, impressão, publicação de livros, equipamento de sinalização, semáforos, barômetros e instrumentos de escrita. Sempre em movimento, você aprecia os meios de transporte para chegar até o seu destino, essas convenientes e confortáveis conveniências pessoais: bicicletas, elevadores, escadas rolantes, patins, tábuas de skate e trenós. O seu gosto pela novidade e variedade sugere jóias, árvores que dão alguns tipos de frutos, pássaros falantes e instrumentos eólicos.

Lua em Câncer ou na Quarta Casa

Embora Câncer seja o mais versátil e pessoal dos signos, você manobra melhor com a ajuda de um time de apoio ou no isolamento de um escritório em casa. Câncer precisa de proteção e retiro, seja na forma da estrutura física ou dentro de um grupo. Você não precisa de cuidados, como um bebê; você simplesmente tem uma sensação de confiança dentro de um cercado. Do lado positivo, quando você se sente fortalecido, você sente prazer em escorar os seus colegas de vendas. A Lua passa pelas fases fazendo com que os produtos e serviços de Câncer passem por muitas mãos. Talvez você se sinta mais confortável como vendedor em tempo integral, revendedor, agente de vendas ou negociante de objetos de segunda mão.

Os seus clientes-alvo compram para a segurança pessoal, quer se trate da proteção para uma residência ou para um *sanctum sanctorum*. Para eles, os melhores produtos continuam sendo aqueles de fácil alcance, e os melhores serviços, os mais acessíveis. Os seus clientes parecem bucólicos, retraídos e reclusos; no entanto, eles cultivam paisagens interiores variadas e vivas, o que demonstra a diversidade de Câncer.

Os bens e serviços prediletos de Câncer mostram a água, a domesticidade, a proteção e a sentimentalidade. A água é o seu ponto forte: use-a para os bens e serviços relacionados com botes, docas, fontes, barcos que servem de casa, piers, sondagens, navios, rios e desembarcadouros. O apego ao lar de fato ajuda você a vender ou revender fazendas, lares, hotéis, alojamentos, motéis, complexos residenciais para muitas famílias e outras propriedades com melhoramentos. A fachada doméstica aumenta quando você volta a sua atenção para o cultivo, a alimentação e a administração de cuidados. Pense em cerveja, gado, porcelana, roupas para o dia-a-dia, peixes, ervas suaves, mobília, utensílios de cozinha, roupas brancas, leite e produtos derivados, pássaros noturnos e flores, aves domésticas, carneiros, tartarugas, vegetais e plantas aquáticas. A posse anterior confere um sentimentalismo, que reverbera nos objetos antigos, nas coleções, nas pérolas, na prata e nos itens de segunda mão de todos os tipos.

Lua em Leão ou na Quinta Casa

Sempre que houver influência de Leão, espere ter faro para as vendas, estilo e o desejo de ser o centro das atenções. Todas essas qualidades ajudam você a atrair e manter a atenção dos fregueses. Você não é um anônimo qualquer: você tem uma mente poderosa repleta de fatos e de raciocínio persuasivo. Com pose e presença inatas, você só tropeça se tiver de vender bens e serviços que estejam abaixo do calibre do seu orgulho e da imagem que tem de si mesmo. Sempre um ator, a sua apresentação vai da diminuição dos fatos até o drama.

Sua visão acurada para aumentar as suas posses faz o mesmo pelos seus clientes. A frivolidade é adequada à sua clientela – pessoas de grande poder aquisitivo, compradores independentes, ricos e vaidosos. Não perca tempo com compradores que acham você extravagante. Você lida melhor com os proprietários do que com os inquilinos ou locatários.

Leão irradia calor ardente, amplidão, amor pela recreação e apreço pela raridade. O fogo de Leão se irradia a partir de dentro e só aceita dois produtos: diamantes e carvão. A sua apresentação combina bem com itens maiores do que a vida, tais como grandes construções espetaculares, cassinos, mansões, palácios, *resorts* e teatros, especialmente se estes estiverem localizados em lugares altos. Com um olho no impressionante, você de fato promove e vende carros de luxo, roupas da moda, mobília cara, peles e vinhos finos. Os entretenimentos são a sua diversão favorita; pense na venda de animais com pedigree, animais exóticos, cavalos de corrida, equipamento recreativo, brinquedos e jogos, bem como roupas para mulheres grávidas. Os seus clientes apreciam a singularidade de espécimes vegetais raros e de objetos únicos da sua espécie, assim como obras de arte dos antigos mestres.

Lua em Virgem ou na Sexta Casa

Virgem enfatiza a destreza, a perícia adquirida e uma referência semelhante à de uma biblioteca. Você entende as coisas intrincadas, aprecia a integridade estruturada nos componentes, produtos e serviços. Sempre ocupado, você adia o descanso até concluir um projeto ou processo. Embora não despreze o sucesso, em geral os sinais de conclusão indicam o início de outro projeto. Você se sai bem em vendas territoriais.

Os seus melhores clientes e fregueses são pessoas realizadas, com um olho para a excelência. Elas gostam da sua mente fastidiosa e enciclopédica e sentem um grande respeito pelos passos apropriados dados no momento certo. Conseqüentemente, a sua atenção deve voltar-se principalmente para os homens de negócios e os profissionais cujo sustento dependa da atenção aos detalhes ou da manipulação cuidadosa.

As marcas de Virgem são a atenção irrestrita aos negócios, a ocupação constante, a saúde e o senso prático. Como mencionei, os negócios são o tema principal, e você servirá bem em todos os lugares, de negócios a escritórios domésticos, sabendo como facilitar os encargos do trabalho com os suprimentos práticos apropriados, a mobília e os equipamentos completos, como carteiras, arquivos, compartimentos para bagagem com prateleiras e unidades de armazenamento. As necessidades funcionais e práticas de profissionais peritos e independentes se beneficiam com a venda de chaves, máquinas de costura, rocas, equipamento de inspeção, teares e suprimentos para tecer. Os equipamentos de saúde e os remédios preenchem o seu senso de totalidade, mas o mesmo fazem as necessidades especiais e os serviços de convenções e eventos públicos, em que a massa do povo se congrega. Quando o caso é manter-se ocupado, pense em vender produtos de proliferação, como equipamentos para abelhas e apicultura e para cães, plantas domésticas, macacos e flores silvestres.

Lua em Libra ou na Sétima Casa

O mais cerebral dos signos, Libra gosta de pensamentos complexos e teóricos. Motivado por um ideal, você gravita para grandes espaços abertos e aposentos bem iluminados. Você prefere prestar um serviço e vender um conceito, porque os produtos são muito mundanos para manter a sua mente afiada. No entanto, você tem faro para o lucro, e tudo o que você vende traz um retorno de bom tamanho.

Muitas vezes os seus clientes são pessoas com quem você se socializa. Mesmo que elas não compartilhem as mesmas idéias, elas apreciam o seu valor intrínseco e a sua abordagem gentil. Essas pessoas apreciam a sua abordagem tranqüila, descontraída, a sua análise dos prós e contras e o convite para elas demorarem quanto quiserem para tomar sua decisão. O seu senso de que "não há pressa" acaba fechando o negócio.

Os traços de Libra conferem abertura, sociabilidade, aprimoramento e deliberação, todos parecendo estar por trás dos bens e serviços que você vende. A abertura é refletida nos espaços abertos, como áreas gramadas, plantas pendentes, áreas de caça, espaços montanhosos abertos e árvores. Você expressa o seu lado sociável em salões de baile, nos relvados vendendo buquês e arranjos de flores, mobílias para jardins e jardins públicos; em centros sociais; com pássaros canoros, cisnes, chás e luz, vinhos doces. Exiba o seu gosto refinado com objetos de cobre; nas salas de vestir, com bordados preciosos, trajes de noite, pinturas, perfumes, instrumentos de corda, armários, e roupas de noiva, itens belos e úteis como tapetes, carpetes, bolsas e luvas. Sua mente primorosa é utilmente exercitada na organização de campanhas, negociações e tratados internacionais, nos serviços jurídicos, na análise de negócios e escrevendo discursos.

Lua em Escorpião ou na Oitava Casa

Diferentemente da sua contraparte, Áries, você é positivo em vez de agressivo. Em vez de se zangar, você está certo do que precisa e determinado a consegui-lo. Você não é um vendedor disperso, mas se as suas vendas incluem um grande volume de fregueses, é provável que seja um gerente de vendas com uma porcentagem sobre as vendas dos seus subordinados. Você é um excelente negociador, girando em torno de bens e serviços de preço elevado.

Espere que os seus clientes sejam aqueles que só compram uma vez, motivados por uma daquelas épocas raras na vida, como um nascimento, morte ou guerra. Alguns têm mente estratégica, como você, buscando tirar vantagem duradoura dessa única compra.

Escorpião entende a morte ou remoção como um meio de preservar a vida. Você fará boas vendas relacionadas com itens de segurança para banheiros, produtos químicos, equipamentos para laboratórios, remédios, salas cirúrgicas, equipamento cirúrgico e de raios X. Este signo poderoso e destacado pers-

cruta as profundezas, dando-lhe a resistência para lidar com óleo cru, equipamento de perfuração e dragagem, explosivos, equipamento de mineração e materiais nucleares. Você nunca carece de recursos financeiros; pense em serviços de recuperação em circunstâncias desastrosas, tais como o reflorestamento de áreas devastadas, seguros contra circunstâncias catastróficas improváveis, dissoluções jurídicas, fundos de mútuo, fundos de obrigações e operações na selva. A sua coragem permite que lide com aves de rapina, plantas carnívoras, plantas odoríferas e cobras.

Lua em Sagitário ou na Nona Casa

Os outros podem achar você um "sortudo" feliz, mas o que você tem é entusiasmo! A vivacidade mental faz você continuar e sentir-se positivo, depois de um encontro infecundo ou desastroso. Você conhece muito bem o seu assunto de vendas, acrescentando floreios de linguagem para atiçar a imaginação do seu freguês. No entanto, o seu objetivo não é apenas fazer uma venda, mas desenvolver uma troca digna que aumente a auto-estima do seu cliente.

Dependendo dos bens ou serviços, os seus clientes são "bilhetes premiados", ou gastadores que esbanjam tanto dinheiro quanto podem em dada condição econômica. O que todos eles desejam, além de um acordo justo, é um aumento na dignidade e respeito depois da compra. Os que têm salários elevados em geral procuram itens e serviços que dêem uma maior vantagem ou aumentem seu prestígio aos olhos dos outros.

Sagitário gosta de grandes estadas ao ar livre, de viagens, da abundância e tem grandes aspirações. Você levanta os olhos para o céu, e os outros fazem o mesmo também, quando você lida com bens e serviços para bancos, tratados valiosos, catedrais, igrejas e mobiliários, salas da corte, jóias da coroa, estádios, grandes livrarias, objetos sagrados, construções judiciais, impérios de publicação, itens religiosos, universidades, veludos, perucas e tudo o que ofereça bases ou superfícies visíveis e sólidas. Para satisfazer o seu entusiasmo pelo ar livre, comercie com depósitos de munição, com grandes animais de montaria (como camelos e elefantes) e avestruzes, barracas, frutas silvestres, florestas, peles valiosas, estábulos, cavalos de passeio, pomares, grandes arbustos, árvores sombreadas e vinhedos. A abundância floresce com o comércio de frutas, árvores frutíferas, equipamento para jogos, ervas finas, mel, intercâmbio financeiro, óleo de oliva, perus e vinhos doces, encorpados. Você se sente muito à vontade nas viagens de longa distância que envolvam ônibus, empreendimentos no exterior, importação, exportação e trens.

Lua em Capricórnio ou na Décima Casa

No mundo exterior, o cabrito montês de Capricórnio alcança os mais altos pináculos partindo do ponto mais baixo. Você é o mais esperançoso dos signos, enxergando o melhor e disposto a trabalhar para fazê-lo acontecer, por mais terríveis que sejam as circunstâncias. Reservado e autocontrolado, você aplica o pensamento a tudo e prontamente entende como renovar um bem esquecido.

Muitos dos seus clientes compartilham a sua reserva natural e, talvez, também a sua natureza reclusa. Muitas vezes eles desejam isolamento ou distância, reservando a si mesmos um tempo importante para pensar, acessar e desenvolver os seus objetivos. Espere que sejam pessoas que põem a mão na massa, como agricultores, agrônomos ou trabalhadores braçais. Todos eles têm uma profunda compreensão de como fazer o dinheiro render.

Capricórnio tende ao esforço árduo, à conservação, ao rejuvenescimento e a um novo desenvolvimento dos recursos. Você realmente entende o trabalho e suas necessidades. Todos os bens ou serviços que melhorem a condição do trabalhador comum são próprios para você. Pense em comerciar suprimentos e roupas duráveis para os que trabalham em cemitérios; venda trabalhos em couro, alvenaria, minas, cerâmica, aço, pedreiras, instrumentos para levantamento de pesos e medidas, e poços. Venda também aparelhos para o cuidado e a conservação do solo, equipamento para fazendeiros, cercas, material para a preservação de florestas, montanhas e equipamento para estábulos. Você sabe como insuflar vida na depleção e pode vender bestas de carga, assim como mulas, campos devastados, fazendas abandonadas, ervas amargas e vinhas secas. Para você é natural achar utilidade para coisas velhas, acreditando nelas e recapturando o tesouro.

Lua em Aquário ou na Décima Primeira Casa

Você se sente bem sozinho; afinal, o seu raciocínio dificilmente é gregário. Inteligente e amigável, você atrai pessoas encantadas com a sua mente incrível. Quando se trata de vendas, você se sai muito bem nas apresentações a grupos maiores, especialmente se tiver a oportunidade de transmitir novos desenvolvimentos científicos.

Espere que os seus clientes compartilhem o seu amor pela ciência. Essas pessoas gostam de reorganizar o conhecido no sentido de criar uma melhoria e, em geral, o dinheiro não é um problema. Você vende para elas as possibilidades de aplicação prática, estimulando a sua própria criatividade.

Aquário gosta da invenção, inovação, ciência e exibição pública. Nada que possa ser rotulado como "nova moda" satisfaz a sua necessidade de progresso e inventividade. Você pode vender computadores, equipamentos de conveniência, eletricidade, energia nuclear, aparelhos portáteis e *software*. Como você entende rapidamente as complexidades da ciência convencional, pense em comerciar aviões, automóveis, domicílios extraterrestres e veículos, helicópteros, jatos, carros de corrida, rádio, foguetes, equipamento científico, televisão e telefones. Transformar o conhecido em algo novo atrai você para animais e plantas híbridas. Você acredita no domínio público e tem sucesso com projetos arquitetônicos, de levantamento de fundos e de votos.

Lua em Peixes ou na Décima Segunda Casa

Você é tão simpático para as outras pessoas que muitas vezes é forçado a afastar-se das influências fortemente magnéticas das suas emoções. Você é muito adaptável e humano, estabelecendo um entendimento instantâneo com um freguês. Como se funde facilmente com os outros, você precisa separar-se para evitar uma apresentação dos produtos que pareça bajuladora.

Compartilhando o seu gosto pela elegância e luxo, os seus fregueses e clientes buscam bens e serviços que projetem uma idéia de valor. Entretanto, eles podem não ter muito dinheiro na carteira. Você ganha a confiança deles ao diminuir o seu embaraço e ao sugerir alternativas práticas com uma aparência elegante.

Impressão e reclusão definem o aquático Peixes. Os bens ou serviços que lembrem água são um sucesso, tais como propriedades à beira-mar, propriedades junto a um lago, tecidos transparentes, vidro translúcido, plantas medicinais, gás natural, óleo refinado, porcelana, moluscos e plantas suculentas. A necessidade de afastar-se dos outros faz com que você providencie salas para meditação, santuários religiosos, complexos destinados ao recolhimento e retiros. Você pode ajudar a criar uma impressão sobrenatural, vendendo câmaras fotográficas, empreendimentos cinematográficos, equipamentos e suprimentos de filmagem, peles sintéticas, plantas e árvores em miniatura, suprimentos fotográficos, plásticos, próteses e fumo.

Vendas Sincronizadas com a Astrologia de Eleição

Assim que você souber o que vender, escolha um tempo preferido para a sua venda. A astrologia de eleição, uma prima da astrologia horária, permite que você escolha um tempo futuro, em vez de depender do tempo de uma ocorrência atual.

A carta de eleição é baseada no Ascendente ou Meio-do-Céu do seu horóscopo, o que for mais forte. Essa força é determinada pelo menor número de aspectos desfavoráveis (conjunções, quadraturas ou oposições) dos planetas que criam dificuldades ou complicações, especificamente Marte, Saturno, Urano, Netuno e Plutão.

Se o Ascendente for forte, observe a casa natal por onde o Sol estará transitando na data escolhida. Se o Meio-do-Céu for mais forte, gire o horóscopo de tal maneira que o Meio-do-Céu se transforme no novo ascendente. Com o Meio-do-Céu na primeira casa, observe a casa por onde o Sol transitará na data desejada.

A linha do Ascendente divide noite e dia, sendo que a parte superior do horóscopo representa as horas do dia, geralmente das 6 horas às 18 horas; a parte inferior representa as horas que vão de 18 horas às 6 horas da manhã. Cada casa, movendo-se em sentido horário, cobre cerca de duas horas; por exemplo, a nona casa vai do meio-dia até às quatorze horas.

O sucesso em vendas será maior se o Sol estiver na casa que rege os bens e serviços que você quer vender. Se a hora do dia for prática, um mapa de eleição é calculado para aquele dia e horário. Se a hora não for prática para a venda, escolha um outro dia ou uma hora mais cedo ou mais tarde. Se este método não for vantajoso, crie um mapa de eleição com o Sol na décima ou décima primeira casa.

Depois que o mapa foi calculado para a sua hora favorável, veja se a Lua faz somente um sextil ou trígono com o Sol. Se a Lua fizer uma conjunção com o Sol, escolha o dia seguinte para que a Lua esteja ao menos 14 graus depois do Sol, especialmente se os outros aspectos com o Sol forem favoráveis.

Observe se Vênus e Júpiter estão na mesma casa que o Sol escolhido, ou num ângulo (primeira, quarta, sétima ou décima casa). Se nenhuma dessas condições se aplicar a Vênus e Júpiter, veja se estão em recepção mútua, isto é, um no signo do outro. Finalmente, o Ascendente do mapa de eleição não deve conter Saturno nem uma conjunção ou quadratura com Saturno. Se o seu mapa atender essas condições, então o seu mapa de eleição é bom.

No mapa de eleição, se a luz da Lua for crescente, ou estiver entre as fases da Lua Nova e da Lua Cheia, a sua venda dará certo, o que significa que o dinheiro irá trocar de mãos. Para aumentar a rentabilidade, a Lua precisa de um trígono ou sextil com Vênus, Júpiter, a Roda da Fortuna, o regente da segunda casa do mapa de eleição, ou o regente da segunda casa do seu mapa natal. Os regentes de segunda casa são importantes porque representam os ganhos que você estimula.

Se você tipicamente revende bens e serviços, observe atentamente essas regras. Quando a Lua estiver entre 0 grau de Câncer e 30 graus de Sagitário no seu mapa de eleição, você paga menos mas vende por mais, criando uma grande margem de lucro. Se a Lua do mapa de eleição estiver entre 0 grau de Capricórnio e 30 graus de Gêmeos, você paga mais, mas vende por menos, obtendo um lucro baixo ou uma perda.

As Casas Astrológicas

Cada casa do horóscopo representa uma área da vida, e os planetas encontrados numa casa terão uma influência direta sobre o resultado das suas escolhas. Os planetas e seus aspectos com os outros também influenciam a escolha. A casa que rege as escolhas é muito importante.

Primeira Casa: Esta casa relaciona-se com você e com seus interesses pessoais na escolha do negócio ou organização em questão; trata-se do time da casa nos esportes; a cabeça.

Segunda Casa: Relaciona-se com orçamentos, finanças, posses e o gasto de poder; posses pessoais ou recursos; pessoas que lidam com assuntos financeiros; os ouvidos e a garganta.

Terceira Casa: Relaciona-se com viagens locais de táxi, ônibus, bicicleta, automóvel, com a caminhada e a corrida; a família maior, os irmãos e vizinhos; as comunicações, os ombros, braços, pulmões e o sistema nervoso.

Quarta Casa: Relaciona-se com construções, propriedades e investimentos; a família, o pai; términos, seios, estômago e órgãos digestivos.

Quinta Casa: Relaciona-se com os filhos, a recreação e as atividades de entretenimento; o desenvolvimento de recursos e os produtos da especulação; jogo; trabalho criativo; o coração e a parte superior das costas.

Sexta Casa: Relaciona-se com a rotina diária, os hábitos e os compromissos; empregados e uniões trabalhistas; pequenos animais; bem-estar pessoal e doenças; o plexo solar e os intestinos.

Sétima Casa: Relaciona-se com as parcerias, as fusões, os acordos; seu oponente, e relacionamentos competitivos; o público, os rins, os ovários e a parte inferior das costas.

Oitava Casa: Relaciona-se com empréstimos, débitos, sociedades anônimas, lucros e perdas causadas por morte ou heranças; compartilhar, dinheiro emprestado e investimentos; divórcio; sexualidade; o sistema muscular, a bexiga, os órgãos sexuais.

Nona Casa: Relaciona-se com a publicação, a propaganda e os assuntos legais; viagens ao exterior; educação superior; fígado e coxas.

Décima Casa: Relaciona-se com a carreira, a direção, o *status*, a reputação, a nossa imagem pública; o governo; a mãe; os joelhos.

Décima Primeira Casa: Relaciona-se com grupos de amigos, organizações, e atividades de grupo; condição de empregador; desejos e expectativas; os tornozelos.

Décima Segunda Casa: Relaciona-se com atividades secretas, conspirações, e reuniões do serviço secreto; prisão, hospitais, instituições; animais grandes; assuntos ocultos; os pés.

Como Escolher as Melhores Datas para Todas as Atividades

Todos somos afetados pelo ciclo lunar. Quando a Lua está no seu signo solar você é mais afetado, assim como é menos afetado quando a Lua está no signo oposto. Todas as suas atividades são influenciadas pelo signo lunar.

Se você combinar a Tábua dos Dias Favoráveis e Desfavoráveis com o Aspectário Lunar e usar a informação abaixo sobre a regência astrológica, será possível você descobrir a melhor hora para iniciar muitas atividades.

Para que uma atividade seja bem-sucedida, convém que você espere até que o planeta regente esteja em bom aspecto com a sua Lua, ou seja, até que ele faça um trígono, um sextil ou uma conjunção com a Lua.

Outra opção é esperar até que a Lua esteja associada às atividades do signo regente.

Por exemplo, se você quer descobrir o melhor dia para adestrar o seu cão consulte o tópico animais e verá que o melhor dia é quando a Lua está em Virgem ou quando ela está em trígono com Mercúrio. Consulte o Aspectário Lunar para descobrir quando a Lua faz trígono com Mercúrio.

Achar objetos perdidos – Procure objetos perdidos durante a Lua Nova e quando seu signo solar estiver favorável. Veja se nesse dia o planeta que rege o objeto perdido está em trígono, sextil ou conjunção com a Lua. A Lua rege os utensílios domésticos. Mercúrio rege as cartas e livros, e Vênus rege as roupas, as jóias e o dinheiro.

Amigos – A necessidade de estar com os amigos é maior quando a Lua está em Aquário ou quando Urano faz aspecto com a Lua. A amizade aumenta quando Vênus ou Urano estão em trígono, sextil ou conjunção com a Lua. A Lua em Gêmeos facilita os encontros de amigos e conhecidos.

Animais – *Levar animais para casa:* faça isso quando o dia for favorável ao seu signo solar, ou quando a Lua estiver em trígono, sextil ou conjunção com Mercúrio, Vênus ou Júpiter, ou no signo de Virgem ou Peixes. Evite os dias em que ela estiver em quadratura ou oposição ao Sol, Marte, Saturno, Urano, Netuno ou Plutão. Ao escolher um animal de estimação, veja se a sua Lua está bem aspectada pelo planeta que rege o animal. Os gatos são regidos pelo Sol, os cães por Mercúrio, os pássaros por Vênus, os cavalos por Júpiter e os peixes por Netuno. Compre animais grandes quando a Lua estiver em Sagitário ou Peixes, fazendo aspectos favoráveis com Júpiter ou Mercúrio. Animais menores podem ser comprados quando a Lua estiver em Virgem, com aspectos favoráveis a Mercúrio ou Vênus.

Comprar e vender animais: em ambos os casos, é importante que a Lua e Mercúrio estejam livres da conjunção ou algum aspecto com Marte. A Lua deve estar passando de Crescente para Cheia e fazendo sextil ou trígono com Vênus ou Júpiter.

Adestramento de animais: Adestre os animais de estimação quando a Lua estiver em Virgem ou fazendo trígono com Mercúrio.

Aparelhos eletrônicos (compra) – Escolha um dia em que a Lua esteja num signo de Ar (Gêmeos, Libra, Aquário) e bem aspectada por Mercúrio e/ou Urano ao comprar aparelhos eletrônicos. Para consertá-los a Lua deve estar em sextil ou trígono com Marte ou Urano num signo fixo (Touro, Leão, Escorpião, Aquário).

Casamento – A melhor data para um casamento é quando a Lua está crescendo e ainda não totalmente cheia. Bons signos lunares para casar são Touro, Câncer, Leão ou Libra. A Lua em Touro gera casamentos mais estáveis, mas depois o casal terá dificuldades para se separar. Certifique-se de que a Lua está bem aspectada, especialmente por Vênus ou Júpiter. Evite os aspectos com Marte, Urano ou Plutão e os signos de Áries, Gêmeos, Virgem, Escorpião ou Aquário.

Cirurgias – O fluxo do sangue, como as marés, parece estar relacionado com as fases da Lua. Para reduzir hemorragias depois de uma cirurgia, realize-a uma semana antes ou depois da Lua Nova.

Se possível, marque a cirurgia para a fase crescente da Lua, pois os ferimentos curarão melhor e a vitalidade é maior do que durante a Lua Minguante. Para operações bem-sucedidas, não opere quando a Lua estiver fazendo aspecto com Marte (isso provoca inflamação e complicações). Consulte o Aspectário Lunar. Nunca opere com a Lua no mesmo signo do signo solar ou ascendente da pessoa. Convém a Lua estar num signo fixo e convém evitar quadraturas e oposições.

A cirurgia plástica deve ser feita na Lua Crescente, quando não houver quadratura ou oposição à Marte. Evite os dias em que a Lua esteja em quadratura ou oposição a Saturno ou o Sol.

Contratos – Para assinar contratos a Lua deve estar em Gêmeos ou Capricórnio, e Lua e Mercúrio devem estar em conjunção, sextil ou trígono com Júpiter.

Cortes de cabelo – O corte fica melhor quando a Lua está em Gêmeos, Sagitário, Peixes, Touro ou Capricórnio, mas nunca em Virgem. Observe os aspectos favoráveis com Vênus. Para o cabelo crescer mais depressa, ele deve ser cortado quando a Lua estiver em Câncer ou Peixes, nas fases Nova ou Crescente. Para engrossar o cabelo, corte-o na Lua Cheia ou quando ela estiver em oposição ao Sol nos signos de Touro, Câncer ou Leão. Se quiser que o seu cabelo cresça mais devagar, corte-o quando a Lua estiver em Áries, Gêmeos ou Virgem, na Lua Minguante ou Lua Cheia. Saturno deve estar em quadratura ou oposição à Lua.

Decoração e reparos domésticos – A Lua deve ser Nova ou Crescente, e estar no signo de Libra, Gêmeos ou Aquário. Evite quadraturas e oposições com Marte ou Saturno. Vênus em bom aspecto com Marte ou Saturno é favorável.

Dentistas – Consulte o dentista quando a Lua estiver em Virgem, ou escolha um dia favorável ao seu signo solar. Marte pode estar em sextil, conjunção ou trígono; evite as quadraturas ou oposições a Saturno, Urano ou Júpiter. Para extrair dentes opte pela Lua em Gêmeos, Virgem, Sagitário ou Peixes e quando ela for Nova ou Crescente. Fuja da Lua Cheia!

Dinheiro – *Para fazer empréstimos de dinheiro ou bens:* Cuide para que a Lua não esteja entre 15 graus de Libra e 15 de Escorpião. Convém que seja Lua Minguante em Leão, Escorpião (16 até 30 graus), Sagitário ou Peixes. Vênus deve estar em bom aspecto com a Lua, e a Lua não deve estar em quadratura, oposição ou conjunção com Saturno ou Marte.

Emprego – Inicie num novo emprego quando Júpiter e Vênus estiverem em sextil, trígono ou conjunção com a Lua. Prefira um dia em que o seu Sol tenha aspectos favoráveis.

Escrever – Escreva para se distrair ou para publicar quando a Lua estiver em Gêmeos. Mercúrio deve estar fazendo bons aspectos com Urano e Netuno.

Mudança para um novo lar – Se você puder optar (muitas vezes não podemos), certifique-se de que Marte não está fazendo aspecto com a Lua. Mude-se num dia favorável ao seu signo solar, ou quando a Lua estiver em conjunção, sextil ou trígono com o Sol.

Namoro – Os mesmos princípios que servem para iniciar um namoro servem para um casamento. No entanto, como não é possível controlar o início de um

relacionamento, é necessário analisá-lo depois. Namoros iniciados durante a Lua Crescente serão mais satisfatórios ou permanentes; os que iniciam durante a Lua Minguante tendem a transformar os envolvidos. O tom do relacionamento pode ser adivinhado a partir do signo em que a Lua estava. Namoros iniciados com a Lua em Áries podem ser impulsivos. Os iniciados com a Lua em Capricórnio demandarão muito esforço para chegar a uma conclusão desejável, mas podem ser compensadores. Bons aspectos entre a Lua e Vênus serão uma influência positiva no relacionamento. Evite os aspectos desfavoráveis com Marte, Urano e Plutão. A Lua Minguante facilita o fim de um relacionamento e provoca o menor sofrimento.

Negócios – Para iniciar um novo negócio, convém a Lua estar em Touro, Virgem ou Capricórnio e na fase crescente. A Lua deve estar em sextil ou trígono com Júpiter ou Saturno; evite oposições ou quadraturas. O planeta que rege o negócio deve estar bem aspectado também.

Olhos e óculos – Vá ao oculista e verifique seus óculos num dia favorável ao seu signo solar e num dia favorável durante o seu ciclo lunar. Marte não deve estar em aspecto com a Lua. O mesmo vale para qualquer tratamento dos olhos, que também deve ser iniciado durante a Lua Nova ou Crescente.

Papéis – Assine contratos ou acordos quando a Lua estiver Crescente num signo fértil ou num dia em que ela esteja fazendo aspectos favoráveis com Mercúrio. Evite os dias em que Marte, Saturno ou Netuno estejam em quadratura ou oposição à Lua.

Pedir promoção no emprego – Escolha um dia quando seu signo solar estiver favorável. Mercúrio deve estar em conjunção, trígono ou sextil. Evite os dias em que Marte ou Saturno fizerem aspectos.

Perda de peso – Se você quer perder peso, a melhor data para começar é quando for Lua Cheia ou Minguante e no signo de Virgem. Consulte as Tábuas Lunares para escolher uma data favorável para iniciar seu programa de emagrecimento.

Roupas – Compre roupas num dia que seja favorável ao seu signo solar, e quando Vênus e Mercúrio estejam com bons aspectos. Evite os aspectos com Marte e Saturno. Compre sua roupa com a Lua em Touro se quiser ficar satisfeito. Não compre roupas ou jóias quando a Lua estiver em Escorpião ou Áries.

Salão de beleza – Permanentes, alisamento e tinturas ficarão bem se a Lua estiver em Touro ou Leão e em trígono ou sextil com Vênus. Evite fazer tratamentos dos cabelos se Marte estiver em quadratura ou oposição, especialmente se for usar calor. Para as permanentes, um trígono com Júpiter é favorável. A Lua deve ser Nova.

Saúde – Um diagnóstico será mais bem-sucedido se a Lua estiver em Áries, Câncer, Libra ou Capricórnio; ele dará menos certo se ela estiver em Gêmeos, Sagitário, Peixes ou Virgem. Inicie um tratamento quando a Lua estiver num signo fixo ou cardinal e num dia favorável ao seu signo. O mesmo vale para internações nos hospitais. Compre remédios quando a Lua estiver em Virgem ou Escorpião.

Viagens – *Aérea*: Inicie viagens longas quando a Lua tiver aspectos favoráveis com o Sol. Para recreação, prefira os aspectos com Júpiter. Para fazer visitas, procure aspectos favoráveis com Mercúrio. Para evitar acidentes, evite quadraturas ou oposições com Marte, Saturno, Urano ou Plutão. Escolha um dia em que a Lua estiver em Sagitário ou Gêmeos e bem aspectada com Mercúrio, Júpiter ou Urano. Evite aspectos desfavoráveis com Marte, Saturno ou Urano.

Terrestre: Inicie sua viagem num dia em que a Lua não esteja num signo fixo, e quando for favorável ao seu regente, a Mercúrio ou Urano. Para viagens de carro escolha um dia em que a Lua estiver em Gêmeos e com bons aspectos com Mercúrio.

Superstições Lunares

Segure uma moeda na mão e mostre-a para a Lua Nova e você receberá dinheiro.

Uma garota pode ter uma pele bonita se dormir ao luar.

Se gear entre a Lua Nova e a Lua Cheia, as plantas não murcharão.

Se você plantar as sementes na Lua Cheia, elas não se desenvolverão bem.

Espalhe o estrume num campo durante a Lua Nova e ele fertilizará o solo.

Sementes de grama não nascerão a menos que sejam plantadas à luz da Lua.

Se as ervas daninhas forem cortadas quando não houver luar, elas não crescerão outra vez.

Se uma mulher conceber durante a Lua Cheia, ela terá um menino.

Os bebês concebidos à luz da Lua sempre são meninas.

A Depressão e a Dúvida que nos Corrói

Quando nos encontramos em meio a uma crise de depressão, temos plena consciência da opressiva dúvida que trazemos dentro de nós. Duvidamos que as coisas jamais melhorem. Duvidamos de nós mesmos pela dificuldade de tomar decisões. E, quando tomamos alguma, duvidamos de haver tomado a decisão certa.

Obviamente essa é uma situação muito incômoda. Gostaríamos de ter plena certeza. Tentamos encontrar essa certeza em nós. Quando não é possível, tentamos encontrá-la em qualquer pessoa ou coisa que apareça. Recorremos a um emprego, um relacionamento, uma crença ou uma filosofia para obter essa certeza. Queremos sentir que sabemos qual é o nosso lugar no mundo. Queremos que nossa vida seja previsível e certa.

Por mais desagradável que pareça a princípio, essa situação na verdade é muito boa.

O mais comum é procurarmos a religião ou a filosofia para encontrar alguma crença ou explicação que seja como um porto seguro na tempestade. Mas em nossa vida a tempestade continua. Os portos seguros não existem. Nunca existiram.

Hakuin, um grande mestre zen do século XVIII, ensinou que a grande dúvida é uma das bases da prática do zen-budismo. Muitas vezes a dúvida é o que nos leva à meditação e aos ensinamentos zen – a dúvida sobre quem somos, por que a vida é tão cheia de sofrimento e como devemos viver sabendo que morreremos. Devemos então acolher essa dúvida, meditar nela e assimilá-la até que ela nos preencha todo o ser.

Precisamos estar dispostos a viver em meio a essa imensa dúvida e achar que assim está bem. Na verdade, precisamos aceitar que talvez ela jamais se resolva e que *mesmo assim* estará tudo bem.

Se conseguirmos conviver com essa dúvida, estaremos eternamente prontos para ser surpreendidos – pela vida, por nós mesmos, pelas nossas respostas, pela nossa experiência.

Meu mestre, Katagiri Roshi, gostava de dizer que estudamos alguma coisa só para compreender que sabemos muito pouco sobre ela. Viver na dúvida é viver em mistério, dar ao mistério um lugar grande e vital em nossa vida. A vida humana é maior que tudo que possamos acreditar ou compreender a seu respeito.

É por isso que a dúvida que ganhamos na depressão é uma dádiva e um grande ensinamento.

– Extraído de *A Prática do Zen na Cura da Depressão*,
de Philip Martin, Ed. Cultrix.

A Gravidez e os Ritmos Lunares

Os métodos anticoncepcionais existem há séculos – muitos deles feitos com ervas e todos eles indefinidos – a maioria deles inseguros. Só mais recentemente foram oferecidos às mulheres os meios que lhes asseguram que não engravidarão. Com DIUs, camisinhas e a pílula, tem-se hoje uma variedade de escolhas para evitar a gravidez.

A igreja católica, tendo proibido o uso dessas intervenções, reduziu as opções para o método do ritmo. Para a maioria das mulheres, esse ritmo está ligado ao ciclo menstrual. Em geral, o período fértil ocorre no meio do ciclo normal, quando os ovários liberam um ou mais óvulos no organismo. Este método foi aprimorado usando-se a temperatura do corpo como indicador da ovulação, mas o método do ritmo não é digno de confiança em todos os casos. Por um lado, a mulher tem de manter um registro dos dias desde o início da menstruação. Por outro, ela precisa abster-se de sexo exatamente no período em que seu corpo pede o contato sexual. Além disso, o parceiro também tem de concordar com essa abstinência.

A maioria de nós, separados da natureza como estamos, também perdeu sua ligação com o ciclo lunar. Muitas mulheres mal têm consciência da Lua. Entretanto, a Lua é uma chave poderosa para o ciclo de fertilidade. Quer você deseje ficar grávida, quer busque evitar uma gravidez, definitivamente a Lua é uma grande ajuda.

Nos anos 50, o Dr. Eugene Jonas, um psiquiatra tcheco, estava trabalhando com muitas mulheres católicas que praticavam o método anticoncepcional do ritmo. Muitas dessas mulheres ficaram grávidas apesar dos seus melhores esforços para evitar a gravidez. Como católico romano, ele era contra o aborto, que acabara de ser legalizado na Hungria; ele queria descobrir um método para as mulheres também evitarem os riscos de um aborto. Assim ele começou seu estudo de mapas de nascimento e épocas de concepção. Jonas, que entendia as bases da astrologia, calculou os mapas para milhares de mulheres, e acompanhou suas gravidezes. Ele descobriu que as falhas no método do ritmo, baseado no ciclo menstrual, também estavam ligadas com outro ciclo, o ângulo da fase lunar. O Dr. Jonas afirmou numa carta de 1997, que fez sua descoberta no dia em que se festejava a Assunção de Maria, em 15 de agosto de 1956. Dedicou todo o seu trabalho à Virgem, inclusive o seu trabalho sobre o ciclo da fertilidade. O Dr. Jonas encontrou a chave desse ciclo num texto babilônico que afirmava: "A mulher é mais fértil durante determinada fase da Lua." O problema é que o texto antigo não revelava qual era essa fase.

O Ângulo da Fase Lunar

O ângulo da fase lunar é o momento exato de cada mês em que a Lua está à mesma distância do Sol em que está no mapa de nascimento. Por exemplo, se o Sol está a 0 grau de Áries e a Lua a 18 graus de Touro, eles estão distantes 48 graus. Cada mês a Lua passa por todos os signos, e a cada mês existe um momento depois da Lua Nova em que a Lua se afastou 48 graus do Sol no zodíaco. O Sol move-se cerca de um grau por dia, e a Lua move-se entre 11 e 14 graus a cada dia. Em três dias, o Sol se move 3 graus e a Lua, entre 33 e 42 graus. Em quatro dias, o Sol move-se 4 graus, e a Lua se move entre 44 e 56. Neste exemplo dá para ver que a Lua repetirá o ângulo da fase lunar do nascimento em algum momento do quarto dia depois da Lua Nova.

Para calcular o ângulo da sua própria fase lunar, você só precisa de um mapa natal e das efemérides. Como a Lua se move rapidamente pelos signos do zodíaco, a exatidão desse sistema dependerá da hora exata do nascimento. No entanto, baseando-se nas efemérides, se você não conhece a hora exata, a Lua só pode estar alguns poucos graus a mais ou a menos da sua posição exata.

Exemplo

Suponha que você nasceu no dia 22 de janeiro de 1977 na Inglaterra. Neste caso, as posições do Sol e da Lua nos dias 22 e 23 de janeiro nas efemérides (horário de Greenwich) são:

Data	**Posição do Sol**	**Posição da Lua**	**Diferença**
23/01	02 Aquário 52	15 Peixes 34	42 grau 44 min.
22/01	01 Aquário 51	02 Peixes 29	30 graus 38 min.

Movimento Diário

Sol	**Lua**
1 grau e 1 min.	13 graus e 5 min.

No dia 22 de janeiro, a distância entre o Sol e a Lua é de 30 graus e 38 minutos. No dia 23 de janeiro, a distância é de 42 graus e 44 minutos. Assim, a fase lunar deve estar entre 30 e 43 graus. Todo mês ela será a mesma. Se você souber quando é Lua Nova, simplesmente conte até o dia em que a Lua estiver de 30 a 43 graus à frente do Sol. Este tipo de estimativa não é um processo científico preciso. No entanto, em geral nós também não sabemos quando um óvulo é fertilizado. Portanto, o que é importante é conhecer o período de dois ou três dias em que a ovulação está proximamente alinhada com a fase lunar. Se quiser mais precisão, um astrólogo pode lhe dar uma lista de datas e períodos sobre quando o ciclo da fase lunar é exato. Use o método recomendado pelo seu médico para determinar quando acontece a ovulação.

E Daí?

A fase lunar é apenas parte da equação. Outra parte é o seu ciclo menstrual pessoal. Em geral, você é fértil de onze a quatorze dias antes do início das regras. Esta data varia bastante, dependendo da duração do ciclo menstrual. A tecnologia moderna oferece os meios de determinar quando a ovulação está ocorrendo e você pode lucrar com eles. Assim que você determinou quando é fértil a cada mês, compare essas datas com aquelas em que o ângulo da sua fase lunar se repete. Se o seu ciclo é muito regular, isso é fácil. Preveja as datas em que as datas da sua ovulação coincidirão intimamente com o retorno do ângulo da fase lunar. São esses os períodos em que há a maior probabilidade de você engravidar.

Exemplo

Usando o mesmo exemplo dado acima, quando sabemos que a fase lunar está entre 30 e 42 graus, podemos ajudar esta pessoa a descobrir quando os seus ciclos de fertilidade biológica e de fertilidade lunar se alinharão. Digamos que o seu ciclo biológico tem a duração de trinta e um dias e que ela percebeu que ovula dezesseis dias depois do início da menstruação. Ela iniciou sua última menstruação no dia 1º de janeiro de 2004. Isso significa que a ovulação acontecerá por volta do dia 17 de janeiro; então, a cada trinta e um dias depois disso. Faremos uma lista dessas datas.

Em seguida, consulte o calendário para determinar quando será a fase lunar entre 30 e 42 graus. Lembre-se de que a Lua estará num signo zodiacal posterior ao do Sol. Faremos outra lista das datas e compararemos as listas.

Data da ovulação	**Data da fase lunar**
16 de janeiro de 2004	23 de janeiro de 2004
16 de fevereiro	22 de fevereiro
18 de março	23 de março
18 de abril	22 de abril
19 de maio	**21 de maio**
19 de junho	**20 de junho**

20 de julho	**19 de julho**
20 de agosto	18 de agosto
20 de setembro	16 de setembro
21 de outubro	16 de outubro
21 de novembro	14 de novembro
22 de dezembro	13 de dezembro

As datas de maio, junho e julho estão impressas em negrito. Esses são os três meses de 2004 em que os ciclos biológicos e os da fase lunar estão mais proximamente alinhados um com o outro. Se o ciclo biológico da mãe continuar consistente, sabemos quais as datas mais prováveis de ela engravidar.

Os pesquisadores observaram uma anomalia interessante. À medida que os ciclos se aproximam até se tornarem exatos, o ciclo biológico pode ajustar-se a fim de coincidir com o ciclo da fase lunar. A maioria das mulheres está consciente de quando tiveram um ou dois ciclos menstruais mais curtos ou mais longos do que de costume. Estes tendem a ocorrer quando os dois ciclos estão se alinhando.

Nota: Neste exemplo, o ciclos estavam distanciados apenas sete dias no início do ano. Se você começar com um intervalo muito maior – digamos, dezessete dias, demorará mais tempo para os dois ciclos se alinharem. A brecha de tempo parece uma eternidade para a pessoa que quer ficar grávida. No entanto, em termos de nossa vida inteira, os poucos meses extra não são tão longos. O tempo pode ser usado para o planejamento emocional e financeiro relativo à mudança que um bebê trará.

Se o seu ciclo biológico tem exatamente a duração do ciclo lunar, mas está "fora da fase", não se desespere. Você pode consultar o seu médico sobre as maneiras de alterar o seu ciclo. Um modo é mudar o número de dias em que você toma as pílulas anticoncepcionais, a fim de prolongar aos poucos o seu ciclo. Mas não tente algo como isto sem o conselho do médico, que pode ter soluções melhores.

Menino ou Menina?

Esse é o terceiro fator com que muitas pessoas se preocupam, sendo os primeiros a concepção e a contracepção. O Dr. Jonas descobriu que os meninos são concebidos quando a Lua está nos assim chamados signos masculinos (Áries, Gêmeos, Leão, Libra, Sagitário, Aquário), ao passo que as meninas são concebidas quando a Lua está num signo feminino (Touro, Câncer, Virgem, Escorpião, Capricórnio, Peixes). Como tanto o Sol como a Lua estão se movendo para a frente através do zodíaco, a Lua alcançará o ângulo da sua fase lunar quando estiver tanto em signos masculinos quanto em signos femininos. Assumindo-se que o pai tem um cromossoma X e Y saudáveis, é possível a concepção tanto de meninos como de meninas.

A "pegadinha" é que não sabemos quando exatamente o óvulo será fecundado. Sabemos quando ocorreu o intercurso sexual, mas o lapso de tempo pode ser considerável. Uma diferença de vinte e quatro horas pode significar que a Lua mudou para o signo seguinte. Portanto, é possível usar este método para prever o sexo do bebê, mas ele não é infalível.

E se o Ciclo Menstrual For Irregular?

Quando o ciclo menstrual é irregular, continua sendo verdade que os períodos mais prováveis de concepção ocorrem no retorno do ângulo da fase lunar. Ao conhecer esses ciclos, você pode maximizar as chances de uma gravidez (ou de evitá-la) acompanhando o ângulo da fase. Existe uma prova de que estimulando o corpo em momentos apropriados através do ato sexual, pode-se estimular a ovulação. Sabemos que isso é verdadeiro para os outros animais; a lógica sugere que seja provável para os humanos também, ao menos até certo ponto. Isso explicaria as falhas do método do ritmo em evitar a concepção.

E se Foi Usada a Contracepção Oral?

A contracepção oral força o corpo a aderir a um ciclo específico – um ciclo diferente do ciclo natural. A maioria dos médicos recomenda um período de abstinência, ou o uso de outros métodos anticoncepcionais durante alguns meses depois de parar com os anticoncepcionais orais. Isso permite que o corpo se reajuste ao ciclo natural, e oferece um tempo para o corpo livrar-se das drogas. Pode demorar um pouco para o ciclo menstrual alinhar-se com o ciclo lunar.

E a Fase Lunar do Futuro Pai?

Pesquisas feitas na Inglaterra, divulgadas pela Internet, sugerem que a contagem do esperma num homem aumenta durante o período do retorno do ângulo da sua fase lunar. Fui incapaz de documentar essa pesquisa em outro local quando escrevi este artigo. Mas, presumindo-se que a informação seja verdadeira, e isso parece lógico, você pode alinhar três fatores: o ciclo menstrual da mulher, seu ciclo de fase lunar e o ciclo da fase lunar do homem. Como é provável que as duas fases lunares tenham duração diferente, é possível que elas entrem em alinhamento, mesmo que não estejam alinhadas numa data determinada. Como a maioria dos homens tem uma contagem adequada de esperma todo o tempo, considera-se que o ciclo da sua fase não tem importância. Além disso, graças às técnicas médicas modernas, pode-se coletar o esperma dele e salvá-lo até que os ciclos estejam apropriadamente alinhados.

O Resto do Mapa de Fases Lunares Exerce Algum Efeito?

A cada mês, quando o ângulo da fase lunar se repete, você pode fazer um mapa para esse momento. Como acontece com qualquer outro mapa, este haverá de ter fatores construtivos e criativos, e também fatores negativos para a concepção. Para uma análise detalhada desse potencial, convém consultar um astrólogo profissional. Para o básico, use o calendário astrológico ou um livro de dados que inclua uma efeméride. Eis umas coisas básicas que você deve olhar:

- Consulte os aspectos que a Lua faz quando ela está no signo do retorno do ângulo da sua fase lunar. Evite as quadraturas, especialmente com Marte, Saturno e Urano, pois quadraturas indicam desafios e estes são particularmente difíceis. Uma quadratura com Vênus não será tão difícil.
- Evite a Lua em oposição a Saturno ou Urano.
- Evite a Lua em quadratura com Plutão, apesar de Plutão relacionar-se com o nascimento e o renascimento.
- Lua fora de curso – como o ângulo da fase pode ocorrer em qualquer ponto do progresso real da Lua pelos signos, ele pode cair quando a Lua está fora de curso. Isso não significa que você deva abster-se do sexo. É menos provável que você engravide nessa ocasião, mas não é impossível. Marion March assinala que, afinal, a Lua pode ter-se movido para o signo seguinte na hora em que o esperma atingir o óvulo.
- Sol em quadratura com a Lua na data do nascimento – essa é uma combinação difícil para a gravidez. Há duas ocasiões a cada mês em que ocorre a quadratura – no quarto crescente e no quarto minguante. Planejar esperar um ângulo na fase imediatamente seguinte à quadratura dará melhores resultados.

Sobre a Gravidez

Assim que você engravida, você tem todos os tipos de perguntas sobre o desenvolvimento da gravidez. O mapa do ângulo da fase lunar para o mês da concepção lhe dirá muita coisa sobre o que esperar. Esse mapa é como qualquer outro. No entanto, NÃO é um mapa natal, e portanto não deve ser lido como tal. Ele será lido como o mapa de um evento e pode estar relacionado com o mapa natal dos pais, assim como qualquer outro trânsito. Um delineamento completo do mapa da fase do retorno lunar no momento da concepção está além do objetivo deste artigo.

Alguns indicadores importantes no mapa de retorno da fase lunar para a gravidez incluem o signo do Sol e da Lua e o modo como esses signos se relacionam com o signo solar da mãe. Para entender esse relacionamento você não precisa de nenhum mapa. Você já sabe o signo solar da mãe e pode ver os signos correntes do Sol e da Lua num calendário astrológico. Tenha em mente que a distância entre o Sol e a Lua se mantém constante no ciclo da fase lunar. Se a sua Lua está 48 graus à frente do Sol, ela sempre estará a essa distância. Quarenta e oito graus é exatamente um e meio signos depois. Isso significa que em alguns meses a Lua estará no signo seguinte ao do Sol, e em outros estará no segundo à frente. Eis um exemplo para ver como isso funciona:

Data	**Signo**	**Lua**	**Ângulo da fase**
25/01/2004	4 Aquário 56	22 Peixes 56	48 graus
19/08/2004	27 Leão 25	15 Libra 25	48 graus

No primeiro exemplo, temos Aquário e Peixes, signos consecutivos. No segundo exemplo, todo o signo de Virgem está entre os signos do Sol e da Lua.

Quando o ângulo da fase é um múltiplo exato de 30 graus, o número de signos entre o Sol e a Lua sempre será o mesmo. Caso contrário, há uma chance de que sejam diferentes. Portanto, convém olhar para os signos do Sol e da Lua a cada mês.

O Signo da Lua Mostra a Ação

Em mapas de eventos astrológicos, e a gravidez é o evento neste caso, o Sol indica a natureza do evento, enquanto a Lua indica o desenvolvimento da ação. Se você conhece a data do ângulo da fase, você também sabe que os signos envolvidos são o Sol e a Lua. Comecei com a idéia de que a maioria das gravidezes são normais – isto é, vão até o fim e resultam no nascimento de seres vivos. As descrições seguintes dos signos da Lua dão uma indicação geral dos fatores mentais e emocionais primários a esperar durante a gravidez. Ao concentrar-se nessas áreas gerais durante a sua gravidez, você tira o melhor proveito da energia da fase lunar. Note quantas dessas indicações coincidem com o seu estilo típico. Você pode ficar surpresa sobre como a sua abordagem à vida muda a cada gravidez, baseada em seu signo particular da Lua!

Lua em Áries

Você mal consegue esperar que o bebê veja a luz do dia. Você tem uma forte ligação intuitiva com o feto, e sente as necessidades dele tão bem quanto as suas. É possível que você tenha engravidado sem planejar, pois a Lua em Áries pode ser rápida e obstinada. A necessidade total de um novo começo é muito forte nesse signo. Dada a força da Lua em Áries, você desejará fazer planos para o nascimento. Você economizará para comprar a mobília adequada ou as cortinas coloridas e outros itens decorativos para o quarto. Isso é conveniente para um bebê que nascerá no inverno, quando os dias são mais curtos. O espaço tem de ser claro e alegre, independentemente do frio.

Lua em Touro

Você não está muito interessada em fazer grandes mudanças, provavelmente aceita sua gravidez do modo como ela se desenrola a cada dia. Talvez você engorde uns quilos a mais do que quer, e deve consultar o seu médico ou parteira sobre mudanças na alimentação que possam ajudá-la a controlar o peso. Ao mesmo tempo, você quer gozar esse período da sua vida, portanto não seja severa demais consigo mesma. Uns poucos quilos a mais não prejudicarão o seu bebê. Emocionalmente, você talvez ache que não quer compartilhar sua gravidez com amigas e conhecidas. Você quer que ela seja só sua. Cuide dos assuntos financeiros à medida que a gravidez progride. Providencie para atender as reais necessidades do futuro bebê, sem exagerar, sem comprar todo sapatinho bonitinho ou lençol que você vir. Assim você se sentirá segura e confiante quanto ao futuro.

Lua em Gêmeos

Você é mental e emocionalmente instável. Você fará bem em esperar até que a gravidez se aproxime da data do parto, antes de fazer as suas compras, pois a mudança dos seus estados de espírito pode resultar numa mixórdia de mobília, decoração e brinquedos. Você quer saber o sexo do bebê antes de comprar as roupinhas? É bem provável. De todo modo, talvez você esteja de mudança para um novo lar. Mas ainda terá a energia para cuidar do básico, e se tiver esquecido de algo, o bebê sobreviverá por alguns dias até você ser capaz de ir às compras!

Lua em Câncer

Este é um signo muito apropriado para iniciar uma gravidez. Em primeiro lugar, ela resulta num nascimento no dia ou perto do dia do Equinócio da Primavera, um período em que tudo está começando a crescer (ao menos no hemisfério norte). Em segundo lugar, a Lua em seu próprio signo promete a plenitude da força emocional, o desejo de estabelecer um lar e beneficia os assuntos familiares em geral. Você estará com o ânimo adequado para ver um novo rosto e uma nova voz entrando em sua vida. Talvez você tenha de adaptar-se a uma dieta que seja apropriada para a nova vida que cresce dentro de você e que evite sérios distúrbios digestivos.

Por outro lado, Daniel Pharr diz: "Não existe nenhuma Lua que 'seja usada' rapidamente para o seu programa de trabalho; ela usará você." Ela exige que você seja honesta quanto aos seus desejos – seja honesta principalmente com você mesma. Nesta gravidez você tem a oportunidade dourada de ouvir a própria voz interior, de ouvir a voz do seu filho; e você lucra ao compreender isso.

Lua em Leão

Você é mais criativa com esta Lua, desde que ela seja compatível com os signos do seu Sol e Lua natais. Você consegue prever os problemas de modo quase mágico à medida que se prepara para a chegada do mais novo membro da família. Agora você é calorosa e gentil com as outras pessoas e com você mesma. Durante a gravidez, você terá de arranjar tempo para descansar e relaxar. Durante os meses de inverno você aproveitará cada dia ensolarado, passando alguns momentos ao ar livre, se não estiver frio demais.

Embora você tenha muitas idéias criativas neste período, é fácil superestimar a sua força. Não perca as suas boas idéias de vista, anotando-as no seu diário; depois, anote uma porção de coisas ou pessoas que podem ajudá-la e assinale as mais importantes. Mime-se agora, porque depois que o bebê nascer, não haverá muito tempo para fazer isso.

Lua em Virgem

Tal como a Lua em Touro, a Lua em Virgem lhe dá o desejo de ficar à vontade e de relaxar. Você não se moverá com tanta lentidão como as taurinas, mas planejará as atividades para que não haja surpresas. Você é muito capaz de adaptar-se, se lhe derem notícias de antemão. Para a pessoa orientada pelos detalhes por natureza, a gravidez de Lua em Virgem pode levar a novas preocupações que chegam às raias da obsessão, sempre que houver até mesmo uma minúscula mudança física ou emocional. Um modo de lidar com essa tendência é anotar as preocupações quando elas surgem. E então você deve discuti-las com o seu médico, parteira ou outra pessoa importante na sua vida. Às vezes, basta anotar seus problemas por escrito para encerrar o ciclo de preocupação.

A gravidez aumentará os seus poderes intuitivos. Talvez seja essa disposição de olhar todos os detalhes que também ajude você a levar a sua percepção a um novo nível. No meio da torrente de informação psíquica, você também mantém a simplicidade de pensamento e de ação. Este período da sua vida pode parecer insípido para o espectador de fora, mas você está aproveitando cada minuto, chegando a conhecer melhor a si mesma e ao seu filho a cada dia.

Lua em Libra

A Lua é emotiva, protetora e receptiva por natureza. Libra é cooperativo, idealista e equilibrado. A combinação, então, permite a expressão da natureza sentimental dentro do ninho protetor que você está criando para o seu novo filho. De início, você pode ficar indecisa sobre como se sente – mesmo que tenha planejado esse bebê, de repente você pode achar, às vezes, que cometeu um terrível engano. Escolhas básicas confundem você e as suas emoções por todo lugar. Não se preocupe, você voltará ao seu equilíbrio harmonioso e as suas emoções se aquietarão.

A força desta gravidez está na sua capacidade de participar com graça das atividades sociais. Durante as férias de verão, você ainda conseguirá vestir-se sem sentir-se enorme. Você será bem mais capaz de aceitar um convite do que de planejar uma grande festa. Você gosta de visitar as pessoas e sente-se mais próxima das pessoas da família.

A natureza inquieta da Lua em Libra pode indicar que você mudará de casa antes da chegada do mais novo membro da família. Planeje arranjar mais ajuda para atender o bebê, pois talvez você não esteja emocionalmente estável para lembrar-se de todos os detalhes importantes.

Lua em Escorpião

Independentemente do quão acomodada você costuma ser, estes serão nove meses intensos para você. Emoções é o nome deste jogo. Você está em cima e embaixo, e em toda a parte do mapa emocional. Normalmente, você é quieta e prática, parece ser corajosa e, no entanto, parece não fazer muito uso dessa coragem. Se você é emocionalmente expressiva como regra, então os exageros da gravidez não serão tão diferentes assim para você.

Você pode perceber que o desejo sexual é mais forte do que nunca. Isso de fato não é um problema, a atividade sexual é segura na maioria dos casos; um bom relacionamento físico pode ajudar a estabilizar as oscilações de humor.

Assim como as emoções estão mais intensas, o mesmo acontece com os processos mentais. Você acha que pode mergulhar fundo no seu assunto predileto e estudá-lo até conhecer tudo sobre o tema. A percepção psíquica também pode ser elevada – talvez você sinta o que está acontecendo com as pessoas à sua volta até mesmo antes que elas mesmas o façam. Quase no final da gravidez, você cederá ao desejo de descansar e relaxar, aceitando os dias como eles vêm e permitindo que os outros cuidem de você.

Lua em Sagitário

As mudanças no estado de humor também marcam a gravidez em Sagitário. Aqui, no entanto, as oscilações não são tão violentas. Você deixa de ser introspectiva e se acha no mínimo tão interessante como as outras pessoas em sua vida. A autodescoberta é maravilhosa para a futura mãe, pois ela estará muito ocupada quando o bebê chegar. Você talvez perceba que os ideais da sua infância voltam à sua vida. Veja só, você pode ver o mundo através dos olhos da sua mãe!

As idéias e ideais que você tem sobre a morte, exigem que você assuma o controle da sua vida. Isso pode incluir a tentativa de controlar seu parceiro e as outras pessoas também. Há muitas mudanças acontecendo no seu corpo – você não quer fazer as coisas do modo como as outras fazem. Mesmo assim, entrar numa luta inquieta não é útil para você ou para o filho que carrega. A introspecção agora é muito útil, à medida que decide em quais pontos deve ceder aos outros, e em que pontos precisa manter-se firme. Espere uma porção de mudanças e não ficará desapontada.

Lua em Capricórnio

Você talvez se sinta surpreendentemente calma e fria apesar das histórias sobre a gravidez que ouviu de outras mulheres. Você é um feixe de energia prática, faz planos ambiciosos e os executa até o fim. Você resolveu desenhar e decorar o quarto do seu filho, fazer ou comprar roupas e fazer todas as outras coisas essenciais que planejou para o seu futuro filho.

Ao mesmo tempo, você talvez esteja engajada numa carreira ou num novo negócio. Você se interessa muito mais pelo seu caminho de vida do que antes. Se você é uma pessoa que trabalha em casa, arranjará um tempo para organizar os armários, pintar um quadro ou dois e, em geral, participar plenamente da vida. As explosões de energia podem alternar-se ocasionalmente com a tristeza e a depressão. Você acha que se mantendo ativa, conseguirá superar esses períodos.

Lua em Aquário

Você tem mais idéias do que sabe o que fazer com elas, e quer executar todas elas. Sua mente não pára de trabalhar em alguma coisa em todos os momentos despertos. Em algumas manhãs você está certa de que esteve trabalhando a noite toda também. Você se pega observando as pessoas, procurando entender as motivações e ações delas. Você simpatiza muito com as necessidades das pessoas à sua volta, sem esperar simpatia de volta. Se você se dedica à alguma causa caritativa ou humanitária, a gravidez não oporá nenhum obstáculo ao seu trabalho. Na verdade, você se ajusta à corrente protetora subjacente. Quando está com as pessoas, você realmente dedica-se às mesmas.

Quando quer ficar sozinha em casa é porque deseja privacidade. Você nunca imaginou ter uma secretária eletrônica ou caixa postal telefônica, mas agora está na hora de instalar uma. Assim você obterá a privacidade que deseja no momento. Você chegou ao tempo em que precisará de um sono ininterrupto em horários estranhos do dia. Embora goste de passar o tempo com as outras pessoas, você requer e exige independência.

Lua em Peixes

Você está totalmente aberta às energias psíquicas à sua volta. Isso pode ser uma coisa boa – você capta sentimentos e idéias do ar. Mas também pode esgotar bastante a energia de que você precisa para gravidez. Você precisa dela para trabalhar com as influências psíquicas, especialmente se elas não eram uma parte perceptível da sua vida antes de você ficar grávida. Você perceberá que simplesmente fechar-se para elas não funciona muito bem. Passar um tempo sozinha todos os dias é um bom começo. Quando falo sozinha, quero dizer a sós. Não num parque com centenas de pessoas ou no *shopping center* com mais pessoas ainda. Quero dizer em casa, ou ao ar livre, sem ninguém em volta.

Agora pode não ser tão fácil realizar suas atividades. Você não precisa atender o telefone, convidar as pessoas, ou fazer qualquer outra coisa que tire o tempo que reservou para si mesma. É interessante observar, que assim que você começa a se recolher, as pessoas começam a persegui-la. Você cria um vácuo de energia e os outros correm para enchê-lo. Você terá de aprender a depender das habilidades que aprendeu durante uma vida de atividades sociais, escolares e familiares. Pode ser útil falar sobre o seu tempo particular como se ele fosse um compromisso importante. E ele é. O tempo que reservar para você e para o filho que ainda não nasceu é essencial para a sua saúde física e emocional.

Conclusão

Se você leu todos os doze signos da Lua, você aprendeu algo sobre as gravidezes que começam em cada signo lunar. Como cada uma de nós tem seu mapa natal que inclui todos os signos e todos os planetas, você descobrirá que gravidezes em outros signos lunares podem ressonar com o seu próprio. E você pode obter uma nova compreensão sobre o motivo de as gravidezes serem tão diferentes! Durante esta gravidez, você pode cultivar o melhor de cada signo, enchendo-se e ao seu bebê não-nascido com a riqueza do apoio emocional e da proteção.

É Hora de Sair de Férias!

Eu acho que "boas férias" são aquelas que revigoram a mente, o corpo e o espírito. Elas não têm necessariamente de ser memoráveis porque senão têm de incluir uma viagem longa, com o cachorro ocupando o assento traseiro da Van, todas as crianças ficando com sarampo e chovendo durante todos os dias. Idealmente, os detalhes de umas férias realmente divertidas se tornarão mais difusos com o passar dos anos, só restando aqueles sentimentos calorosos que temos ao folhear um velho álbum de fotografias da família.

Por que algumas férias são melhores do que outras? Existe um comitê que cuida para que tenhamos apoio cósmico ou suportemos piadas sem graça sobre viajantes. Existem os planetas pessoais Mercúrio, Vênus e Marte. Felizmente, um astrólogo pode prever consultando suas efemérides, quando esses três planetas estarão de mau humor e quando nos ajudarão a realizar as férias dos nossos sonhos. Mercúrio, Vênus e Marte causam mais problemas quando estão em movimento retrógrado.

Revise suas Férias: Planetas Retrógrados

Andar para trás é especialmente irritante para Mercúrio, o regente natural das comunicações, e ele gosta de ter companhia em suas viagens. Se tirar férias enquanto Mercúrio estiver retrógrado é provável que sua bagagem seja entregue num mosteiro em Sri Lanka e que as reservas que fez, desapareçam misteriosamente dos computadores dos hotéis; então, não haverá quarto disponível. Caso contrário, será um período maravilhoso.

Os períodos com Vênus retrógrado são aceitáveis para as viagens enquanto você não precisar de dinheiro para onde está indo. Muitas firmas se construíram investindo o dinheiro dos viajantes que foram suficientemente tolos para sair de férias quando o regente do dinheiro estava em movimento retrógrado. Convém notar que Vênus também rege o amor. Férias com seu ente querido mostrarão os lados piores de ambos se partirem com Vênus afastado do seu real objetivo – ser amante. Isso nunca é bom, e muitas vezes um parceiro é abandonado numa parada na estrada.

O planeta Marte rege a energia física, que pode ficar comprometida enquanto Marte estiver retrógrado. Férias tiradas durante esse período sempre serão lembradas pelos motivos errados. Você se beneficiará da gentileza dos estrangeiros porque eles sempre ajudam os turistas com um pé engessado que, mancando, faz uma visita aos seus museus. Viagens ao exterior também são boas para os relacionamentos internacionais. Enquanto você fica de quarentena com os nativos no ginásio de esportes do seu colégio, você ficará mais fluente em sua língua. Quando for liberado, você será capaz de pedir água mineral como um nativo da região.

Felizmente, assim que você anotar os períodos retrógrados de Mercúrio, Vênus e Marte no seu calendário, restam períodos excelentes para suas bem merecidas férias. Assim como acontece com as novas aventuras, os períodos da Lua Nova até a Lua Cheia são melhores para iniciar suas férias. Eles estão disponíveis ao menos uma vez por mês. Quer tenha a intenção de viajar pelo mundo ou ficar em casa durante suas férias, todas as atividades iniciadas serão mais bem-sucedidas quando iniciadas na Lua Nova. Use o período da Lua Cheia até a próxima Lua Crescente para fazer planos, fazer reservas e aprontar-se para um período especial distante da rotina habitual. Leia abaixo as dicas adicionais para o seu signo solar.

Faça os Planos de Acordo com o seu Signo Solar

Áries (21 de Março a 20 de Abril)

Assim que você encher sua mochila com uma porção de filtros solares, mapas e dinheiro, estará pronto para uma aventura no estilo ariano. Esta viagem envolve novos destinos, perto ou longe, e de preferência, você viajará sozinho. A exploração de territórios desconhecidos é a maior alegria para Áries. As suas férias precisam incluir encontros com o desconhecido, mas nunca viagens aos mesmos lugares, mesmo que sejam para o paraíso, ou você ficará entediado, como em casa. Não importa muito que você viaje porque considera o processo de chegar aonde quer como metade da diversão. Você está nos melhores lugares quando pode participar de atividades ao ar livre. Inicie sua viagem com a Lua ou o Sol nos signos de Leão ou Sagitário.

Touro (21 de Abril a 20 de Maio)

Para os nativos de Touro, a chave para férias bem-sucedidas é um bom planejamento anterior. Você tem de certificar-se de que tanto a viagem como as suas acomodações serão confortáveis, talvez até mesmo luxuosas; sendo assim, examine cuidadosamente as revistas e os vídeos antes de comprometer seu tempo e dinheiro. Como um signo de Terra, você prefere viajar de carro do que de avião.

Bastam os prazeres gastronômicos para tornar suas férias especiais, portanto desejará que seja qual for seu destino, ele tenha um excelente restaurante. Comece suas férias com a Lua ou o Sol nos signos de Virgem ou Capricórnio.

Gêmeos (21 de Maio a 20 de Junho)

Deixe seu grande suprimento de livros em casa e parta para uma reunião que seja tão intelectual quanto desafiadora. Os geminianos joviais e curiosos acharão as férias divertidas sempre que houver pequenos cursos e seminários. Você acha que as férias são uma festa porque aprecia oportunidades de aprender algo novo. Um nativo de Gêmeos encontra modos de duplicar o valor do seu dinheiro ou qualquer experiência, portanto reserve um tempo para aventurar-se nos cursos ou para um pouco de observação da paisagem. Mas o que você achará mais refrescante, no entanto, são as conversas com grupos de pessoas brilhantes e estimulantes. Felizmente para a sua carteira, você se diverte tanto com uma experiência de aprendizado durante as férias que ocorra na sua própria vizinhança como se divertiria se ela acontecesse num lugar distante. Comece as suas férias com a Lua ou o Sol nos signos de Libra ou Aquário.

Câncer (21 de Junho a 21 de Julho)

Você é um especialista em férias familiares, portanto o sinal verde para partir em geral não é uma opção. Os cancerianos levam todos os confortos do lar junto para onde quer que vão, mesmo que para isso precisem viajar num carro enorme. Muitas das suas férias têm um duplo objetivo: admirar a paisagem e visitar os parentes. Não importa a demora no aeroporto, você quer passar as férias com a sua avó ou outros membros da família a quem ama mais. Depois que os filhos saírem de casa, no entanto, você irá à praia a fim de construir castelos de areia e jantar peixe fresco. Cabanas e condomínios junto a um lago também o atrairão. Suas férias mais luxuosas sem dúvida acontecerão num cruzeiro marítimo. Inicie suas férias com a Lua ou o Sol nos signos de Escorpião ou Peixes.

Leão (22 de Julho a 22 de Agosto)

Férias econômicas ou à base de intercâmbio não são uma opção para os leoninos. A sua idéia de uma partida perfeita inclui uma viagem de primeira classe e acomodações em lugares ensolarados. Como um Leão em férias, você desejará muito mais ser admirado por uma multidão do que ver as atrações turísticas. Assim sendo, precisará de roupas novas antes de partir e muito dinheiro para comprar itens adicionais quando chegar ao lugar de destino. O seu treinador dramático interno pode empurrá-lo para a área dos teatros; a sua natureza brincalhona o atrairá para eventos esportivos e para os jogos. Comece a sua viagem com a Lua ou o Sol nos signos de Sagitário ou Áries.

Virgem (23 de Agosto a 22 de Setembro)

As férias de Virgem são terríveis. Trabalhar durante as férias é sua especialidade. Ser útil aos outros ajudará você a ceder à idéia de sair de férias todos os anos. Você acha perfeito passar suas férias instalando um telhado novo na cabana do tio Henry, junto ao lago. Você gosta e se diverte quando consegue reservar algum tempo para realmente descansar e relaxar. Mas preferiria ficar num lugar simples do que num grande hotel, e viajar de carro tem a vantagem de você não ficar com *jet lag*. Você gosta de explorar sebos, de receber uma massagem curativa numa boa instituição de saúde; mas também gosta de visitar o zoológico. Comece sua viagem quando a Lua ou o Sol estiverem nos signos de Capricórnio ou Touro.

Libra (23 de Setembro a 22 de Outubro)

Librianos em férias querem expressar sua sociabilidade e sua natureza romântica. Eles preferem viagens para dois, e gostam de reservar a suíte para lua-de-mel durante muitos anos depois do seu casamento. Para você é importante ter uma atmosfera interpessoal harmoniosa enquanto está de férias; portanto, se misturar-se à multidão, certifique-se de que se trata de uma multidão feliz. Aprecie as paisagens locais de dia – visite galerias de arte, freqüente concertos, explore os estúdios de artesanato da região – reserve suas noites para jantar e dançar. Comece suas férias com a Lua ou o Sol nos signos de Aquário ou Gêmeos.

Escorpião (23 de Outubro a 21 de Novembro)

Você não acredita em intimidade instantânea e suas férias perfeitas serão aquelas em que os outros respeitem sua privacidade e não invadam seu espaço pessoal. Naturalmente, talvez você prefira viajar com seu parceiro ou com alguns confidentes bem escolhidos do que fazer uma viagem em grupo. A única viagem em grupo que você levaria em conta teria de envolver um mistério, como a "Morte no Expresso Oriente", uma combinação de viagem de trem e de teatro através da Europa. Os escorpianos gostam de descobrir segredos. Você pode passar todas as suas férias buscando uma mina perdida na Escócia ou mergulhando para encontrar um tesouro no Caribe. Para onde você for, é importante incluir alguma atividade física regeneradora em seus planos de viagem. Comece suas férias com a Lua ou o Sol nos signos de Peixes ou Câncer.

Sagitário (22 de Novembro a 21 de Dezembro)

Você gosta de viajar e pode trabalhar de modo a juntar milhas para freqüentes viagens de avião. Durante toda a sua vida você viajará com freqüência, preferindo aventuras no exterior do que férias perto de casa. Quando estiver impedido de viajar por causa do frio no meio de inverno, você se tornará um viajante de poltrona, estudando brochuras e jornais que narrem as aventuras dos outros exploradores do mundo. Você

gosta de acampar e aprecia tanto a vida numa tenda como a estadia num hotel de quatro estrelas. Não importa muito como você chega ao seu destino – canoas ou caiaques, uma mula de carga ou um carro luxuoso, um cargueiro ou um iate de cruzeiro – você quer experimentar de tudo. Comece suas férias com a Lua ou o Sol nos signos de Áries ou Leão.

Capricórnio (22 de Dezembro a 20 de Janeiro)

De todos os signos do Zodíaco, Capricórnio é o que mais provavelmente inicia suas férias com um itinerário detalhado e uma agenda firme. Você quer sentir o maior prazer possível durante as suas férias, mesmo que isso signifique visitar cinco museus num único dia. Como você se sente igualmente feliz tanto no inverno como no verão, viagens fora da temporada são apropriadas para você. As atividades de férias que você acha divertidas podem parecer trabalho para as outras pessoas. Você dá um jeito de ver e de fazer mais do que a média dos turistas e com menos gastos. Inicie suas férias com a Lua ou o Sol nos signos de Touro ou Virgem.

Aquário (21 de Janeiro a 19 de Fevereiro)

Você prefere ficar em casa do que sair de férias sozinho. Você se sente atraído por viagens em grupo e muitas vezes suas viagens são feitas com os amigos e a família. Você prefere planejar férias uma vez por ano com reunião de pessoas de mente parecida com a sua, talvez para ir a uma convenção, uma viagem ao campo ou rally político que apóie uma causa humanitária. Sempre que sair, dará preferência às viagens de avião. As demoras nos aeroportos são uma oportunidade a mais para você se conectar com a massa. Assim que chega ao destino da sua viagem, você torna-se um turista eclético, buscando as atrações tradicionais, visitando lugares que não estão nos guias turísticos e locais que nem mesmo os habitantes do lugar conhecem. Inicie suas férias com a Lua ou o Sol nos signos de Gêmeos ou Libra.

Peixes (20 de Fevereiro a 20 de Março)

Quando são levados pelo seu espírito, os piscianos são conhecidos por pularem num avião sem bagagem ou fundos para viagem, e sem muito preparo. Mas você se diverte tanto como se tivesse planejado a viagem durante meses. Você também não precisa fazer viagens longas. Passeios de fim de semana lhe dão tanto prazer quanto uma viagem de um mês ao redor do mundo. O que o atrai para o lugar das suas férias é a esperança de descobrir algo. A sua vida é uma forma de arte, e o tempo e o espaço são a sua tela. Você se sente atraído por qualquer tipo de viagem que lhe permita sentir a vida de uma nova maneira. Você se sente mais à vontade perto da água. Inicie suas férias com a Lua ou o Sol nos signos de Câncer ou Escorpião.

Lar é Onde Está a Lua

Imagine que você está num lugar que o acolha do modo como você é hoje, um lugar que o proteja e conforte, um porto seguro onde não sinta vergonha, embaraço, rejeição ou culpa por expressar suas emoções. Este lugar aceita as suas lutas, dores e alegrias. O mero fato de estar nesse lugar lhe permite ver a si mesmo e saber o que é importante na sua vida. Este lugar não existe na sua mente, mas existe no seu coração.

Este lugar é o seu lar.

Na astrologia, a Lua personifica o seu ser emocional, inconsciente e irracional; também significa o nosso lar (primeiro ambiente, proteção, formação emocional e os comportamentos que levamos até a idade adulta). A compatibilidade e o entendimento entre os signos da Lua natal de pessoas diferentes afetam a sua capacidade de viver e de criar um lar juntas, e afetam os seus estilos emocionais.

Como a influência da nossa Lua natal atua abaixo da nossa consciência desperta, raramente estamos conscientes da sua universalidade. Prestar atenção ao modo como você vive em seu lar lhe dará as chaves para determinar a sua condição emocional e vice-versa. O seu lar é o retrato do seu bem-estar emocional. O seu lar mostra onde você tem estado, onde você está e para onde está indo. Lar é onde está o coração. Você não tem de procurar longe para ver como a sua vida emocional e a sua vida doméstica estão interligadas. O auto-aperfeiçoamento e a autoconsciência têm sido e continuam sendo muito populares nas livrarias, na TV e nas revistas. As pessoas estão em busca de meios de sentirem-se melhor e encontrar seu propósito na vida.

A informação sobre como fazer melhorias no lar também aumentou de popularidade. As pessoas estão gastando grandes quantidades de dinheiro e de tempo renovando e reparando seus lares para que reflitam o que elas são e para criar um espaço confortável para viver. Uma pessoa pode aprender bastante sobre si mesma empreendendo um projeto de reformas na casa.

Pense na sintonia que você mantém com a sua casa. Qual é a sua reação quando as coisas se quebram ou precisam ser renovadas? Para lidar com a situação você procura seguir o exemplo dos outros? Você pode fazer tudo sozinho? De quanta paciência você dispõe? Você trabalha bem em equipe? O que acontece quando você se depara com obstáculos que não consegue resolver sozinho? Você procura o conselho de especialistas, cumpre as indicações ou apenas os esquece? O que é mais importante, a função ou a forma? Quanto tempo, energia e dinheiro você pretende investir? Você desiste e se contenta com menos do que pretendia, ou persevera até conseguir realizar o seu sonho? Uma vez feita a reforma, você fica orgulhoso das suas inovações ou nega que se esforçou? Você respeita mais a opinião dos outros do que a sua própria? As suas respostas a essas perguntas muitas vezes se aplicam ao seu relacionamento com as suas emoções. Portanto, não se trata de coincidência que o auto-aperfeiçoamento e o aperfeiçoamento do seu lar sejam simultaneamente populares. Eles naturalmente seguem juntos porque você descobrirá mais sobre si mesmo, quanto mais desejar criar um ambiente que autenticamente reflita quem você é.

É importante então que o ambiente ao qual chamamos de nosso lar, o lugar em que deitamos nossa cabeça no travesseiro todas as noites, a estrutura física que mantém os nossos medos, alegrias, lembranças, decepções, vergonha, realizações e sonhos seja compatível e adaptável durante a nossa vida. Da energia que colocamos na comida que cozinhamos até a cor com que pintamos ou não as nossas paredes, as nossas casas estão impregnadas das nossas energias e intenções. Pelo fato de isso ser verdadeiro, os nossos lares podem ser estoques de apegos, desejos inconscientes e lembranças de abandono e negligência. Então os nossos lares se tornam fontes de sofrimento, desconforto e medo, em vez de alicerces que nos valorizem. Lutamos instintivamente para anular essa fonte de sofrimento.

Se não temos certeza das razões pelas quais tentamos nos aperfeiçoar ou ao nosso lar, inconscientemente tentamos melhorar a nós mesmos ou os nossos lares pelos motivos errados. Os motivos errados são aqueles com que buscamos impressionar os outros. Desejar impressionar os outros, no entanto, nos torna dependentes do louvor externo para nos sentirmos bem. Isso não se relaciona com as necessidades e desejos da nossa Lua natal. Lembre-se de que o nosso lar não está destinado a ser um monumento de perfeição e de *status*, assim como também não a nossa vida emocional. Ambos são trabalhos em progresso – uma mistura de beleza e de lados ásperos.

Imagine que essas questões iluminem o seu sentimento emocional sobre o seu lar. Como você descreveria o seu lar? Você é um "sem-teto" que vive entre lares, morando na casa de outra pessoa? Você mora em casa própria, vive de aluguel ou numa casa emprestada? Como você escolheu a sua casa? Acha fácil abandonar a sua casa, a fim de dormir em outro lugar? A quem você convida para vir à sua casa? Você paga sua hipoteca emocional todos os meses? Você fica devendo, pede emprestado ou sempre tem sobra emocional suficiente para si mesmo? Com que freqüência você reinveste em sua existência emocional? Suas emoções passam facilmente pelo seu lar ou ficam estagnadas e sem solução? De quanto espaço emocional você precisa? Como as outras pessoas se sentem no seu lar? Como as respostas a essas perguntas representam a sua conexão com o mundo em geral?

Para o propósito de descobrir como o seu lar é um espelho da sua vida emocional com mais detalhes, desenvolvi o exercício seguinte. Tudo de que necessitará é uma mente aberta, papel e algo com que escrever, ou, se preferir, pode usar um gravador de fitas para documentar as suas respostas.

Escolha uma hora em que possa movimentar-se livremente pelo seu lar sem ser perturbado. Desligue a televisão, telefone, rádio, etc. Pode começar em qualquer lugar dentro ou fora da sua casa. Se você mora num prédio de apartamentos ou condomínio, explore o ambiente do lado de fora do seu bloco. Não esqueça saguões, porões, garagens, divisórias, sótãos e lugares não acabados – basicamente, quaisquer áreas que sejam seguras e viáveis. Se possível, examine todo o lado interno e externo do seu lar ao mesmo tempo. Mas se isso não for prático, examine todo o ambiente interior e exterior no mesmo dia. Completar a análise do interior e exterior é importante; caso contrário, a informação que você obtiver é fragmentada e as idéias que terá sobre si mesmo não estarão completas.

Reserve alguns momentos para relaxar. Se o seu lar tiver um nome, diga-o; você pode optar por abençoar a si mesmo ou ao seu lar desta vez, como um modo de honrar o processo. Lembre-se de que este não é um processo para descobrir falhas, mas uma oportunidade para entender-se melhor e usar essa informação para continuar melhorando a sua vida.

Entre no primeiro espaço/aposento do seu lar. Escreva ou grave o nome do espaço. Feche os olhos. Concentre-se nas suas respostas emocionais ao espaço. Que sentimentos despertam nele? Que lembranças, crenças e/ou sensações este aposento retém? Abra os olhos e registre suas impressões. Agora olhe para o espaço com os olhos abertos. O que você sente? Suas atitudes quanto ao espaço estão ligadas aos objetos, cores, texturas, cheiros e/ou à estrutura do ambiente? Registre as suas impressões. Agora mova-se para um ponto diferente no mesmo espaço. Alguma coisa mudou? Registre todos os pensamentos adicionais. Repita este processo para cada espaço dentro e em volta da sua casa.

Com a informação que você reuniu, identifique as áreas em que você se sente melhor, pior e as neutras. Anote tantas coisas físicas quantas puder relacionadas com cada uma dessas áreas. Olhe para seu lar com os olhos do coração. Quais áreas retêm amor, raiva, alegria, medo, criatividade, segurança e segredos? Comece a estabelecer as conexões sobre como o seu lar reflete as crenças que você tem sobre si mesmo. Compare o seu lar atual com os anteriores. O que mudou, o que continua igual? Como o seu lar atual se compara com o lar da sua infância? Você criou intencional ou não intencionalmente um lar emocionalmente feliz, saudável ou você recriou um ambiente repleto de disfunções antiquadas?

Pense na condição do seu lar quando você se mudou para ele. Que mudanças foram feitas nesse lar antes, durante ou depois que se mudou? Como cada mudança refletiu a sua vida na ocasião? Até que ponto o seu lar reflete as suas necessidades agora?

Veja se consegue dar a cada espaço tanto um nome funcional (sala de estar, sala de jantar, dormitório, hall, despensa, quarto de despejo, etc.) e um nome sensível (quarto expressivo, quarto de recuperação, quarto de rejuvenescimento, quarto do sentimento, quarto da melancolia, etc.). Leve em conta que essa é uma representação de onde você está agora. Você descobrirá que a hora do dia, semana ou ano afetará como você se sente sobre o seu lar em geral. Agora que você dispõe de toda essa informação sobre si mesmo e sobre o seu lar, resista à tentação de criar uma longa lista das coisas de que não gosta e quer mudar em si mesmo, em seu lar, ou em ambos. Dê a si mesmo um tempo (alguns dias, semanas, mais se precisar) para absorver e contemplar o conhecimento que adquiriu sobre si mesmo antes de acessar outra vez a informação e passar ao próximo exercício.

O próximo exercício é sobre criar um senso de espaço em seu ambiente doméstico. Você irá trabalhar com cada área por quanto tempo quiser, e o processo pode demorar o tempo de que precisar. Se se sentir aborrecido, deprimido, de baixo astral, etc., escolha uma área que relacionou com essas emoções positivas no primeiro exercício. Faça o oposto quando estiver alegre; encontre um lugar em que se considerou infeliz antes. Novamente, você precisará de algo com que registrar suas experiências. Talvez você queira desenhar, pintar ou usar outro meio para expressar-se neste exercício. Encontre um lugar confortável para ficar nesse espaço. Fique por quanto tempo quiser e objetive alcançar uma sensação de paz, aceitação e amor. Registre o seu processo. O que é preciso para você aceitar e amar incondicionalmente um aposento gasto, imperfeito e que precisa de reparos? Você consegue aplicar a mesma compaixão ao seu ser emocional? Igualmente, como um aposento que irradia emoções agradáveis afeta você quando se sente desanimado? Continue este processo trabalhando em diferentes horários e em áreas diferentes do seu lar e de você mesmo. Concentre-se nas suas necessidades emocionais e no tipo de lugar que melhor as alimenta.

Quando você está na casa dos seus amigos e da sua família, anote como se sente. As casas deles são semelhantes à sua ou diferentes? Quais são os lares em que você se sente mais à vontade? Use esta informação para tentar descrever o seu lar ideal. Faça uma colagem. Recorde e analise todos os sonhos que tiver com lares, casas e/ou aposentos, tanto os atuais quanto os de que se lembra do passado.

Às vezes é difícil mudar um espaço porque, como na nossa vida emocional, é preciso livrar-se do velho para abrir espaço para o novo. Muitas vezes as razões do apego às coisas (culpa, medo, vergonha, sensação de vazio, etc.) estão ligadas aos sentimentos associados às pessoas e/ou situações que trouxeram esses itens até o nosso lar pela primeira vez. Outras vezes, acontece exatamente o contrário. A indecisão, a apreensão e a atitude evasiva sobre o que incluir num espaço pode deixá-lo vazio durante anos. Pratique criar mais fluidez no seu lar, trazendo para ele intencionalmente algo que você sabe que vai se desfazer dele dentro de um mês. Isso será especialmente útil se você for uma dessas pessoas que têm problemas em se desfazer dos presentes que comprou originalmente para outras pessoas. Seguir as fases da Lua lhe permitirá fazer isso dentro de um ciclo mensal. Quando for Lua Nova traga algo novo para casa, uma coisa de que irá se livrar intencionalmente em um mês. Durante a fase crescente, deixe esse item fazer parte do seu lar. Mude-o de lugar, use-o, o que achar apropriado. Quando for Lua Cheia, desapegue-se dele. Use a Lua Minguante para decidir onde será o novo lar desse objeto e leve-o para lá. Você pode usar esse mesmo processo rítmico para limpar a sua casa dos escombros emocionais.

Neste estágio, se e quando você decidir fazer mudanças em seu lar, você terá um entendimento mais claro do que fazer e dos motivos para fazê-lo. Vale a pena tirar fotografias e anotar o que havia antes, durante e depois do processo, mesmo que você esteja apenas organizando de nova maneira ou limpando uma área. Isso lhe dará um lembrete visual do seu progresso. Se se sentir mal-amado ou indigno de amor, crie aposentos que sejam mais amorosos. Se estiver com medo, crie espaços que pareçam seguros e protetores. Se sentir que está esbanjando sua energia, crie espaços de regeneração.

Lembre-se de que o seu lar na Terra é um veículo sempre mutável, um lugar em que os desejos e as necessidades mudam. Embora o seu lar seja uma constante que reflete a sua totalidade em dado momento, ele nunca é estático ou totalmente silencioso. Tanto o seu ser emocional como o seu lar requerem manutenção contínua para funcionar com seus potenciais mais elevados. Crie um lugar em que você "possa sentir-se em casa", um alicerce, um lugar que desde o início descubra, mantenha e promova você.

Bem-vindo ao lar!

Entenda o seu Signo Lunar

A Lua está sempre presente, é uma constante companhia da Terra, uma parte da nossa paisagem celeste. Desde crianças, notamos suas mudanças e nos maravilhamos com as muitas faces reveladas pela Lua. A Lua nos mostra um reflexo sempre cambiante do brilho ígneo do Sol. Além de ver a Lua, nós podemos sentir seu poder. Fisicamente, os seus ciclos controlam o fluxo e refluxo das marés. Mas nosso fascínio pela Lua também tem outra razão. Desde o tempo dos sumérios, há registros de associações feitas entre os ciclos da Lua e as mudanças na natureza e no comportamento humano. A Lua influenciou a arte, a literatura da história humana e a música de todas as épocas. Você sabia que tem uma Lua totalmente sua? Essa é uma das várias características do seu mapa astrológico, e é uma indicação importante da sua natureza emocional e do modo como você expressa as suas necessidades.

O seu horóscopo é uma representação do seu mapa astrológico pessoal, baseado em cálculos precisos; um astrólogo mapeará a posição da Lua, do Sol e dos planetas de acordo com a data, a hora e o lugar exatos do seu nascimento. Esse quadro detalhado do seu horóscopo simboliza os níveis complexos de energia que são parte do seu ser como um todo. É provável que você conheça o seu signo solar, que descreve os modos como você expressa o seu ego e canaliza seu impulso de ser reconhecido – algo fácil de ver e ainda mais fácil de mostrar aos outros. A sua Lua conta uma história muito mais íntima, que descreve a sua natureza subconsciente. Você *sente* a sua Lua.

Para encontrar o grau e a posição da sua Lua, você precisará de uma cópia do seu mapa astrológico, baseado na hora do seu nascimento. Para obter seu horóscopo, você pode procurar um astrólogo competente ou encomendar um mapa feito por computador. Também pode usar as tábuas lunares e o método simples de cálculo descrito neste Almanaque. Se seguir essas diretrizes, você terá um cálculo aproximado do seu signo lunar; se quiser determinar a localização exata da Lua em seu horóscopo, você terá de providenciar um mapa.

Embora você não esteja familiarizado com o vocabulário associado com sua Lua, você está intimamente ligado à energia dela. Sempre que se liga com seus sentimentos básicos sobre qualquer coisa, você está fazendo essa ligação através da sua energia lunar. Seus hábitos e atitudes também refletem as qualidades da sua Lua.

O que o seu signo lunar pode lhe ensinar? Quando analisa a sua Lua, você tem vislumbres das suas forças interiores. A Lua define seus padrões de pensamento e é o repositório das suas emoções, estimulando sua natureza emocional subjacente. As características do seu signo lunar simbolizam o filtro através do qual você absorve suas impressões sobre as experiências da vida. O seu signo lunar descreve a natureza do seu filtro emocional, dependendo das qualidades do signo astrológico em que ele se situa no seu mapa natal.

Por meio da sua Lua, você cria o que lhe dá aquela sensação especial de "estar em casa", aquele sentimento especial de segurança. À medida que aprende mais sobre você mesmo e sobre suas necessidades ao longo das experiências da vida, você descobre do que precisa para se sentir bem e seguro. Você pode analisar as características do seu signo lunar para ajudá-lo a criar um ambiente que atenda às suas necessidades naturais. Assim que você estiver no fluxo da energia da sua Lua, você levará esse sentimento de bem-estar a todas as situações da vida cotidiana.

Você usa sua energia lunar sempre que dá proteção e apoio aos outros e a si mesmo. Quer seja homem ou mulher, a sua Lua indica o modo como você "banca a mãe dos outros". Psicologicamente, sua Lua retrata seu arquétipo feminino e representa o seu relacionamento com a sua mãe, com as mulheres e com a parte feminina da sua própria psique. O seu Sol, por outro lado, representa a qualidade masculina e ilustra sua ligação com os homens, com o seu pai e com os elementos masculinos do seu eu interior.

Quando você se aprofunda mais nos mistérios da sua Lua, você descobre o berço da sua alma. Nesse nível, sua Lua contém tudo o que você foi, e portanto, influencia tudo aquilo em que você pode se tornar. Brilhando no fundo dos seus olhos, a luz da sua Lua reflete os aspectos interiores do seu ser, a sua alma. A sua Lua representa as suas tendências e necessidades emocionais predominantes; é a parte de você que voou até os pináculos do êxtase e lembra o verdadeiro vazio do desespero. Sua capacidade de contentamento aumenta quando você procura atender às necessidades definidas pelo seu signo lunar. Em resumo, você fica mais satisfeito quando leva em consideração a sua Lua!

Esta parte do *Almanaque da Lua* destina-se a ajudá-lo a entender os ciclos planetários básicos por todo o ano de 2004, que o influenciarão no nível emocional. Os trânsitos da sua Lua estimulam a mudança, e você pode descobrir que alguns dos seus ciclos o ajudam a reformular sua vida, ao passo que outros estimulam um desejo de penetrar no mistério de si mesmo. A Astrologia pode lhe apontar esses ciclos, mas é você quem determina como reagirá a eles. Ao abrir-se às próprias necessidades e ao responder às energias planetárias de um modo que possa atender a essas necessidades, você pode se sentir mais seguro e apto a ter uma vida mais plena e significativa.

LUA EM ÁRIES

Quem tem a Lua em Áries sente emoções fortes e a vida tem de ser uma aventura. O seu entusiasmo pela vida é enorme, o único problema é a sua impaciência. Como você nem sempre consegue ser paciente, está sujeito a mudanças súbitas de humor. Às vezes fica muito zangado com as pessoas, mas logo esquece o motivo da zanga. Do ponto de vista emocional, muitas vezes você parece distante das pessoas do seu convívio. Tudo porque, bem no fundo, existe um sentimento de insegurança que você disfarça sendo agressivo. Mas sempre que surge uma situação de emergência, suas decisões são rápidas pois você confia em sua percepção. E isso ajuda você a solucionar as crises. Você é muito original, inventivo, mas pouco persistente. É melhor líder do que seguidor, pois as suas atitudes dinâmicas impressionam as outras pessoas. É bastante ambicioso, não gosta de ouvir conselhos e acha difícil ser disciplinado. Deve ter muito cuidado para que o excesso de coragem não o torne imprudente.

UM VISLUMBRE DO ANO DE 2004 PARA A LUA EM ÁRIES

O ano começa com a Lua Crescente em Touro em trígono com Mercúrio e sextil com Urano. Isso favorece um equilíbrio harmônico entre o seu ego e as suas emoções. Você não deve ceder à apatia, deve afirmar-se. Por certo haverá certa impaciência durante essa Lua, pois a Lua em Touro gosta que se dê um passo de cada vez. Como a sua personalidade é altamente energizada, a Lua em Touro não diminuirá sua energia, embora tenha um efeito bastante calmante. No primeiro semestre, a Lua fará alguns aspectos desfavoráveis com outros planetas, mas nem todas as pessoas serão igualmente afetadas.

Se a sua Lua estiver de 0 a 9 graus de Áries, você terá de prestar muita atenção aos seus projetos. Realize os que não podem ser completados rapidamente. Aproveite para incrementar a sua aparência.

Se a sua Lua estiver de 10 a 19 graus de Áries, talvez você ache que está na hora de lançar raízes. Cuidado para não apegar-se demais às situações e coisas. Você não se sentirá tentado a partilhar suas coisas. Você é bastante materialista e se sentirá motivado a comprar tudo o que deseja. Não há perspectivas de grandes mudanças em sua vida agora, mas a sua teimosia acabará permitindo que alcance o seu objetivo.

Se a sua Lua estiver de 20 a 29 graus de Áries, tudo dependerá da sua capacidade de absorver o influxo de energia lunar. Não pense em descansar, mas faça as coisas acontecerem. Os seus sentimentos serão feridos com mais facilidade e as emoções serão mais intensas. Cuidado com o que você diz e procure amenizar o efeito de palavras duras com um sorriso, o que pode fazer uma grande diferença.

Janeiro

A influência da Lua Cheia em Câncer é muito profunda, dando-lhe uma oportunidade de explorar as suas emoções. Lide com os sentimentos que esteve reprimindo há muito tempo e que de repente subiram à superfície. Mas tenha cuidado com as reações emocionais muito rápidas, que podem ir da euforia à depressão. Para lidar bem com sua energia lunar durante todo o mês, é preciso que você seja honesto consigo mesmo. Ouça o que a sua voz interior tem a lhe dizer. No dia 13, a quadratura da Lua com Saturno limita a sua auto-expressão e você se sente inseguro até o dia 15. Aprenda a lidar com a frustração e com a tendência de apegar-se ao passado. A Lua Nova do dia 21, no signo aéreo de Aquário, obrigará você a desfazer-se dos excessos de energia emocional que podem prejudicar o seu sistema nervoso. Procure estar mais entre os amigos. Se o seu eu interior estiver em desacordo com o exterior, a Lua Nova o estimulará a fazer as mudanças necessárias para sentir-se mais realizado. Os últimos dias do mês, no entanto, trarão alguma surpresa feliz.

Fevereiro

As atividades regidas pela Lua não têm grande força de estabilidade, portanto logo são abandonadas: portanto, prefira dedicar-se a projetos menores. É importante manter-se aberto a tudo o que está acontecendo à sua volta. Há muitas mudanças emocionais e você precisa acreditar que elas valem a pena, caso contrário perderá uma peça muito importante no quebra-cabeça da sua vida. Sinta o sabor da vida e, ao mesmo tempo, aprenda algo sobre si mesmo com as experiências. A Lua Nova do dia 20 em Peixes prejudicará os seus relacionamentos, se você mostrar-se excessivamente sensível. Use este aquático signo lunar para doar algum tempo e dinheiro a uma causa ambiental.

Março

Procure prestar atenção aos detalhes das suas atividades e evite aquelas que dependam somente de iniciativa e da capacidade de resolver problemas. A Lua Cheia em Virgem no dia 6 não deixa que você tome uma decisão num assunto importante que requer uma mente bastante analítica, pois a análise excessiva dos fatos provoca insegurança. A quadratura da Lua com Saturno no dia 8 exige que você trabalhe mais do que as outras pessoas para se provar. Domine a sensação de descontentamento e não subestime o seu potencial. A oposição da Lua a Marte pede que você mantenha o autocontrole para lidar com o seu gênio esquentado. Procure canalizar sua energia e será capaz de mover montanhas. A Lua Nova em Áries no dia 20 deixará a vida muito excitante para você e as suas emoções estarão em ebulição. Não dê origem a mal-entendidos tomando decisões apressadas durante essa fase.

Abril

O aspecto romântico da sua personalidade brilhará desde o início do mês culminando por volta do dia 5, quando há uma Lua Cheia em Libra, seu signo oposto: você sabe que os opostos se atraem e o seu charme inato emergirá, dominando o seu lado fogoso, que faz os outros manterem uma distância segura de você. Aproveite para cultivar os relacionamentos amorosos. Os trígonos da Lua com Vênus e Marte durante este mês acentuam a sua percepção de valores, além de compensar quaisquer problemas debilitantes de saúde, pois dão força física. Use a sua criatividade e o seu magnetismo pessoal para lidar com crianças e animais. O aspecto desfavorável da Lua com Plutão e Urano no final do mês dá tendência ao isolamento e aos bloqueios emocionais. Mesmo que se sinta rejeitado, evite as soluções drásticas para os problemas, pois eles são passageiros. Aprenda a transigir no trato com as outras pessoas.

Maio

Os seus sentimentos, sempre misturados com os seus julgamentos, podem levá-lo a cometer uma injustiça. Mas é salvo de fazer isso devido à sua lealdade aos amigos e aos interesses deles. A prioridade da Lua Cheia em Escorpião até a Lua Minguante em Peixes é fazer as mudanças necessárias ao seu eu interior. Essas Luas aquáticas exigem paixão em todas as coisas. Você terá dificuldades para ocultar as emoções geralmente reprimidas. Prepare-se para lidar com esses sentimentos e para sentir o seu efeito. A Lua Crescente em Virgem no dia 27 aumentará a sua capacidade de comunicação, o que se refletirá positivamente nos seus negócios. Mantenha uma atitude tranqüila, lembrando-se de que tudo tem seu tempo certo. Um pouco de tensão no final do mês desaconselha misturar a vida profissional com a vida amorosa e pessoal, a fim de evitar atritos desnecessários.

Junho

Você inicia o mês bastante otimista e muito à vontade com a energia quente que o torna feliz. O período não é para estrutura e rigidez, é tempo de relaxar um pouco. Flua com os acontecimentos e veja para onde o levam. A Lua Cheia do dia 3 em Sagitário permite que você resista melhor ao impacto dos aspectos negativos da Lua com Vênus e Plutão, no que se refere ao sofrimento nos afetos; você está muito crédulo, tolerante e instável e, portanto, convém evitar colocar-se demasiado em evidência. Você poderá ter uma grata vitória no meio do mês, desde que se mova impetuosamente para a frente, mas sem apegar-se aos resultados das suas ações. Viva o momento e permita que a vida o leve na direção certa. Liberte-se das amarras que os problemas, os temas pesados e as tarefas por acabar lhe impõem. Devagar também se vai longe.

Julho

Você se sentirá mais racional do que gostaria de ser, e o período é bom para tomar decisões. O seu pensamento é frio, calmo e racional. Mas como você é uma pessoa de ação, isso pode ser deveras irritante. Contudo, confie em seus sentimentos. Parece que o resultado das várias batalhas será a vitória. A Lua Nova em Leão, no dia 17, não será uma influência muito benéfica, pois Áries e Leão podem entrar em conflito porque cada um quer controlar o eu emocional. Você se sente atraído por essa energia lunar que acentua as suas características lunares básicas. Isso será muito bom se você tiver de resolver uma situação que requer mais coragem do que envolvimento emocional. Aja agora, antes que a Lua entre em Virgem exigindo análise excessiva dos fatos, impedindo uma ação espontânea. Nos dias 23 e 24 você pode esperar alguma alteração na sua rotina diária, que pode acarretar novas responsabilidades. Mantenha-se fiel aos seus valores.

Agosto

A oposição da Lua com Marte que inicia o mês é atenuada pelo trígono com Vênus e o sextil com Plutão. É preciso que você cultive o autocontrole e evite o comodismo, a intolerância e o sarcasmo cortante. A vida social está enfatizada e convém você usar o seu charme ao lidar com as pessoas. Se ficar um pouco nervoso, convém descobrir os motivos, para que não haja danos à sua saúde. Mercúrio em Virgem traz imparcialidade aos seus julgamentos e permite que você transforme conhecimento em vantagem financeira. A Lua Nova em Leão sugere que você seja mais magnânimo. Por que você não faz agora as melhorias que pretende fazer em sua casa? Pinte o exterior numa cor alegre. Inicie aquela dieta que vem protelando. Cozinhe alimentos que favoreçam o metabolismo do corpo. E aproveite todos os momentos favoráveis até a Lua Cheia em Peixes no dia 29: talvez novas pessoas se aproximem do seu espaço pessoal!

Setembro

Do início até o meio do mês não haverá grandes problemas, embora se aconselhe cautela ao lidar com os oponentes. Saber quem está do outro lado ajudará você a estabelecer os seus limites e condições. A Lua Minguante em Gêmeos faz as coisas parecerem ficar estagnadas, mas você poderá iniciar novos projetos na Lua Nova em Virgem: basta analisar muito bem os prós e os contras. Deixe os relacionamentos um pouco de lado para não se complicar nos dias 15, 16 e 17. Depois desse breve intervalo dedique-se novamente a eles com paixão. Mas você estará tão ocupado que não terá tempo para as coisas de menor importância. Evite viajar no dia 27, convencendo-se de que há coisas que demoram mais a acontecer.

Outubro

Fique firme em seus objetivos, pois Mercúrio e Vênus em Libra lhe darão uma força na área da comunicação e nos relacionamentos amorosos. Pode confiar num amigo que o ajudará a fazer algumas mudanças na sua vida. Durante a Lua Minguante, você estará especialmente sensível e irritadiço, mas não deixe que isso interfira nos seus negócios e na vida familiar. Os outros não têm culpa e não vão ficar impassíveis se você destratá-los. Irá recuperar seu equilíbrio e bom senso a partir da Lua Nova. Libra é um signo favorável para você iniciar algum tratamento estético ou fazer algo por você mesmo no sentido de melhorar seus encantos naturais. Na metade do mês você enfrentará algumas limitações e restrições, mas se mantiver o bom senso tudo se resolverá. Suas emoções atingirão o auge da intensidade quando chegar a Lua Cheia no terroso signo de Touro, no dia 28. Você tem de sentir que está realizando alguma coisa para sentir-se feliz.

Novembro

Júpiter em Libra, no início do mês, dá tendência ao lazer, aos prazeres e você tende a deixar o mundo passar. Você está muito popular, principalmente devido à sua conversa excelente e ao seu bom gosto. Aproveite a energia da Lua Nova para fazer uma auto-análise profunda, para melhorar as suas habilidades psíquicas e intuitivas. Durante a Lua Cheia em Gêmeos no dia 26 e na semana seguinte, dedique mais atenção ao lar e à família sem se esquecer dos relacionamentos afetivos e profissionais. Sinta a alegria do romance que você gosta tanto de criar.

Dezembro

O aspecto desfavorável entre a Lua e Netuno no início do mês sugere que convém tomar cuidado com excessos de todo tipo, principalmente não ceda à tendência de fugir por meio da bebida ou da fantasia. Os relacionamentos emocionais tendem a ser complicados, pois você tem a tendência de confundir a realidade com a auto-ilusão. No entanto, não subestime o próprio potencial criativo e ponha mãos à obra. Você vai mudar muitas vezes de atividade, mas o principal é não esmorecer no trabalho. Neste mês você se sente inclinado a passar mais tempo a sós, o que é raro por causa da sua impulsividade e sensualidade. Aprenda a resolver os problemas sem buscar soluções drásticas das quais poderá se arrepender depois. Aproveite a época de festas para relaxar. Os outros terão alguma dificuldade para entendê-lo e às suas reações.

LUA EM TOURO

Você aprecia o conforto e a riqueza, sempre desejando obter o melhor de tudo; enfim, você não se contenta com menos. Gosta de satisfazer seus apetites e aprecia tudo o que torna a vida mais feliz. Você tem grande apego às suas idéias, pois é muito fiel. Também é sentimental, carinhoso, embora não pareça, devido à sua timidez. Suas reações são lentas, mas muito fortes. Você pensa bastante antes de agir, mas depois que se decidiu, dificilmente muda de idéia. Tem muita intuição e só aceita o que for compatível com o seu temperamento. Do lado negativo, você é muito ciumento e teimoso. Cuidado para não ser convencional demais.

UM VISLUMBRE DO ANO DE 2004 PARA A LUA EM TOURO

O seu maior desejo na vida é ter segurança e estabilidade na vida. Vênus, o regente de Touro, começa o ano no signo aéreo de Aquário e faz um aspecto negativo com a Lua no dia 2. Isso indica problemas de relacionamento. Você se ressente com a falta de harmonia no lar. Sente um impulso de colocar-se em evidência como compensação por seu sentimento de inferioridade. Mas a Lua não afeta a todos igualmente, portanto não desanime. Se a sua Lua estiver entre 0 e 9 graus de Touro, você está acostumado a lidar com a energia natal da sua Lua e sente que está pisando em terreno firme. Se a sua Lua estiver entre 10 e 19 graus, aproveite para fazer as coisas acontecer e lide com todos os problemas que tenham relação com as emoções. Apesar da confusão que as envolve, o seu senso de lógica prevalecerá. Se a sua Lua estiver entre 20 e 29 graus de Touro, você se sentirá muito energizado, principalmente nos reinos intelectual e emocional. Será capaz de discorrer sobre os mais variados assuntos sem se cansar, inclusive sobre os seus sentimentos mais profundos, em geral ocultos com grande habilidade. Você gosta de apreciar tudo o que a vida tem a oferecer, sem se apressar.

Janeiro

Se a sua vida familiar não estiver tão estável quanto você deseja, a Lua Crescente no início do mês favorecerá uma viagem para dentro de si mesmo, ultrapassando as barreiras que você interpôs entre o mundo e o seu eu interior. A Lua Cheia em Câncer no dia 7 o fará compreender que as emoções que subiram à tona são honestas e verdadeiras, mas, por terem ficado reprimidas por tanto tempo, agora é preciso conhecê-las, pois trata-se de uma grande experiência de aprendizado. Mantenha a mente aberta. Você aprenderá a aceitar as emoções assim que surgirem em vez de enviá-las primeiro ao inconsciente. A Lua Crescente em Touro no dia 29 favorece os negócios com propriedades e os últimos dias do mês são propícios para lidar com a sua criança interior e reconquistar a alegria de viver.

Fevereiro

Saturno retrógrado em Câncer retoma o movimento direto no dia 8, fazendo aumentar o seu senso de clã e de responsabilidade por sua família. Embora você precise muito de amor e aprovação, raras vezes demonstra isso. Seus sentimentos são facilmente feridos, mas você continua compreensivo e desejoso de ajudar os outros. Afinal, basicamente, você é fiel e sentimental. A Lua está exaltada em Touro, o que traz à tona o seu lado reflexivo. Pode lhe faltar originalidade nos projetos, mas a sua memória é precisa e, por assimilar a informação, você age com base nela, alcançando os melhores resultados. Aproveite agora o que a vida tem de melhor: curta a boa música, dance e cante o quanto puder, além de satisfazer outros apetites físicos. A Lua Minguante deve ser dedicada ao descanso. Faça reparos domésticos na Lua Nova em Peixes, dedique-se à jardinagem ou instale uma fonte no quintal. No final do mês talvez tenha a oportunidade de encontrar um amigo de infância que não vê há muito tempo.

Março

A alimentação saudável será de grande importância este mês. Não sucumba às tentações da gula, concentre-se de preferência em cozinhar alimentos integrais, sem gordura e temperos fortes. Aproveite para escolher um novo penteado ou fazer um alinhamento dos dentes, se isso melhorar a sua aparência. Mercúrio em Áries no dia 13 estimulará sua impetuosidade e você irá mudar de ponto de vista de uma hora para outra. Cultive a paciência, mas evite debates. Não enxergue o mundo como queria que fosse, mas como realmente é. A Lua Minguante não é um período muito favorável, mas antes de queixar-se dos acontecimentos, analise os motivos de eles estarem tomando esse rumo. A Lua Crescente em Câncer indica algumas mudanças em sua ocupação. Cuidado com o nervosismo que pode expressar-se através de doenças, que na maioria das vezes são psicossomáticas. O floral de Bach Oak será de grande ajuda para combater o *stress*.

Abril

Mercúrio em Touro e em movimento retrógrado não deixa você reagir tão rapidamente como de costume às idéias novas, o que nem sempre favorece os negócios. Mas, por outro lado, você nunca tira conclusões apressadas e gosta de examinar as evidências primeiro, o que é muito conveniente para ganhar dinheiro e realizar um projeto bem-sucedido. Durante o mês de abril trabalhe no seu próprio ritmo. Para aumentar seu prazer, faça algumas modificações domésticas, mude a decoração ou mude de casa. Aproveite para abrir uma nova conta bancária, dedique-se a alguma obra voluntária de caridade. Ao sentir-se entediado, compreenda que é somente uma fase: leia um bom livro ou dedique-se um pouco mais aos amigos, o que o fará sentir-se melhor; evite críticas, análises e autojulgamentos. Os momentos negativos logo passarão.

Maio

A Lua Cheia em Escorpião torna suas emoções muito intensas, você se ofende com facilidade, fica rancoroso e vingativo. Você também não tolera a interferência dos outros nos seus objetivos, e embora sacrifique algumas coisas por pura bondade, ainda assim não é o mais simpático dos companheiros de negócios. Sua capacidade de executivo e de empreendedor, no entanto, salva várias situações. Você se concentra na realização e fruição de qualquer projeto. Sua força de vontade é latente neste mês e pode usá-la para o seu aperfeiçoamento e para o aperfeiçoamento dos demais. Suas emoções irão da sensualidade ao desejo sexual intenso. Também está sujeito ao ciúme. Pare de flertar com qualquer pessoa além do seu parceiro para evitar complicações. A Lua Nova em Gêmeos voltará a sua atenção para outra direção, para os negócios, a comunicação e o embelezamento do seu ambiente.

Junho

A Lua Cheia no fogoso signo de Sagitário poderá causar problemas se você não resolveu o problema do ciúme surgido no mês anterior. A sua natureza prática impedirá você de gozar os momentos felizes, caso suas ações não pareçam imediatamente benéficas ou dignas de uma análise. Por que você não alimenta as suas crenças religiosas para não correr o risco de se envolver num rodamoinho emocional? Ajude a sua criança interior a manifestar-se de modo benéfico; ela escolherá por si mesma qual o modo melhor de expressão. Durante a Lua Crescente procure equilibrar os altos e baixos emocionais de acordo com a mudança dos acontecimentos. O mês tem chance de fechar com um final feliz em algum setor da sua vida.

Julho

A Lua Cheia em Capricórnio logo no início do mês estimulará a sua necessidade inata de estabilidade e segurança, o que o levará a atar as pontas soltas de qualquer negócio ou situação. A área emocional se acalmará à medida que você for se interiorizando. Você dedicará um grande esforço direcionado para a melhoria da sua segurança financeira e do seu *status* na sociedade e no seu grupo profissional. Se algum trabalho não der lucro imediato, você logo se desinteressará dele e passará a outro qualquer. Isso pode provocar *stress* entre os seus familiares. Mas fazer você mudar de opinião pode ser muito mais cansativo ainda. A Lua Nova em Leão lhe transmitirá a energia necessária para você alimentar os seus propósitos e fazer algum progresso rumo às suas metas. Para a prática Lua em Touro, a expressão dramática de auto-estima pode parecer ridícula, mas muitas vezes é isso que nos faz entender a mensagem: cuide de si mesmo fazendo algo especial. A sua nobreza de caráter merece algum reconhecimento, não é mesmo?

Agosto

A oposição da Lua a Marte no dia 1º obriga você a cultivar conscientemente o autocontrole para lidar com o seu gênio esquentado. Cuidado com as crises emocionais que podem causar problemas de saúde. Cultive a paciência e a moderação. A Lua Minguante em Touro no dia 7 é boa para completar os projetos já iniciados. Mantenha o bom senso ao lidar com os problemas emocionais. Acrescente esportes e exercícios à sua vida e procure livrar-se de algum mau hábito. Muitas atividades se alinham com o declínio de energias na Lua Minguante, como continuar uma dieta, escrever um testamento, vender um carro ou uma casa, pedir demissão do emprego, largar o vício do fumo ou da bebida; ou pagar as contas! Qualquer atividade que exija um declínio ou morte de alguma natureza é adequada a essa Lua Minguante. Na Lua Crescente em Sagitário do dia 23, substitua o mau hábito que largou por algo maravilhoso. E na Lua Cheia em Peixes o tempo é de recuperação, reorganização e planejamento. Trata-se da mais romântica Lua do zodíaco. Que tal uma segunda lua-de-mel?

Setembro

Vênus, o regente de Touro, entra em Leão no dia 7, tornando você mais romântico. Você quer ser o centro das atenções, deseja ser aplaudido e, se não obtiver isso em casa, irá procurar em outro lugar, talvez em festas suntuosas ou namoros dramáticos e excitantes. A sua ligação íntima com a natureza se sobressairá, o que tornará o período favorável à jardinagem e aos campos artísticos. A Lua Nova em Virgem favorece qualquer trabalho que dependa da atenção aos detalhes. Mas evite as que dependam da capacidade generalizada de resolver problemas ou as que exijam muita iniciativa. No entanto, você pode aceitar novas responsabilidades de trabalho. Ouça a sua voz interior no que se refere ao relacionamento afetivo com a pessoa a quem quer declarar os seus sentimentos. A Lua Cheia em Áries lhe dará o impulso para essa declaração de amor, mas tome cuidado com as palavras que não devem ser impulsivas demais. Use bem a energia ardente desta Lua.

Outubro

Júpiter transitando por Leão oferece a você uma energia que deixa você capaz de lidar com quase todas as situações; enquanto os outros sonham, você age. A saúde é boa, mas evite problemas cardíacos e o aumento de peso. A opinião das outras pessoas será muito importante para você durante a Lua Minguante em Câncer. Você pode romper maus hábitos e substituí-los por bons quando chegar a Lua Nova. Divirta-se um pouco, participe de uma viagem com um grupo de pessoas animadas. Mas procure seguir uma rotina até o dia 28, quando a Lua Cheia em Touro lhe dará uma oportunidade no mercado das especulações e do jogo.

Novembro

Vênus e Marte estão em Libra, o signo do equilíbrio; mas Vênus está em quadratura com a Lua. Então convém você ser muito flexível para que tudo corra bem. Ao entrar em contato com as outras pessoas, sintonize-se com elas. Isso ajudará você a entender as necessidades delas e como ajudá-las. As atividades relacionadas com o embelezamento da casa ou que aumentem o seu apego ao lar estão favorecidas. Adicione uma peça nova de mobília às que você já tem. Conseguir que as pessoas a quem emprestou dinheiro paguem a dívida será mais fácil quando a Lua estiver em Câncer. Durante a

Lua Nova em Escorpião tire proveito da sua capacidade psíquica. Planeje um jantar romântico ou vá às compras. Se o seu relacionamento estiver gasto, a melhor oportunidade para encerrá-lo sem muito sofrimento é agora.

Dezembro

Aproveite o tempo até a Lua Nova para realizar algum trabalho curando algum aspecto da sua vida que precise de uma atenção especial. A Lua Nova em Sagitário encoraja a fé na vida e no espírito. Use a fé para cumprir tarefas difíceis, como uma mudança de emprego, por exemplo. Ao decidir o que vai fazer, use sua imaginação. Seja mais espontâneo, confie em que tudo funcionará muito bem. A conjunção da Lua com Urano no dia 16 carrega você de alta energia emocional fazendo-o sentir aversão pelas convenções e pela acomodação. Você se sente cheio de recursos, mais determinado e, às vezes, até mais perverso. Sua vida doméstica sai um pouco fora dos trilhos e o seu relacionamento com a família é um pouco estranho nesse momento. A Lua Cheia em Câncer faz tudo voltar ao normal, você chega até mesmo a convidar os amigos para uma refeição requintada preparada por você mesmo. O ambiente torna-se descontraído e feliz outra vez. E isso não tem nada a ver com as festas natalinas ou a aproximação do final do ano. Você se interessa de fato pelo bem-estar de todos e recebe o pagamento na mesma moeda.

LUA EM GÊMEOS

Sua especialidade são os relacionamentos efêmeros. Sua personalidade emocional precisa de variedade e novidade, e não de profundidade de sentimentos. O seu intelecto depende muito mais dos sentidos do que das emoções. Versátil e adaptável, é possível que você tenha duas ou mais vocações, muitas vezes ao mesmo tempo. Você não é muito intuitivo, mas é bastante observador. Gosta de ação e movimento, sendo manualmente hábil e rápido. Nos assuntos pessoais é muito discreto. Não fica remexendo no passado, interessando-se muito mais pelo aqui e agora. Sua natureza inquieta o leva a procurar o novo, mas a tendência de interessar-se por muitas coisas de uma só vez pode levá-lo a sofrer de *stress*. Convém tomar cuidado com isso.

UM VISLUMBRE DO ANO DE 2004 PARA A LUA EM GÊMEOS

Mercúrio volta ao movimento direto no dia 7, acentuando todas as características do seu perfil lunar. Sua mente é bastante ativa, você tem muita imaginação também. Tudo sugere que em 2004 você tirará vantagem do seu espírito rápido e dos seus recursos interiores. Você detém a capacidade de pular de um assunto para outro, e o que parece ser um sinal de impaciência para os outros nem sempre é verdadeiro: você simplesmente consegue incluí-los todos na sua agenda de trabalho. Se a sua Lua estiver entre 0 e 9 graus de Gêmeos, as suas emoções serão muito intensas para você mantê-las ocultas. Você sente que alguma coisa vai explodir: não se sente muito capaz de analisar a fonte do torvelinho emocional. Se a sua Lua estiver entre 10 e 19 graus de Gêmeos, você sentirá que está excepcionalmente calmo, com sua personalidade em geral extrovertida um tanto recolhida. Os outros é que notarão essa mudança em você. Falta-lhe a costumeira motivação entusiasmada da Lua em Gêmeos. Se a sua Lua estiver entre 20 e 29 graus de Gêmeos, sua abordagem à vida será mais prática do que de costume, e você sentirá mais de perto as necessidades e emoções alheias. Como costuma ser muito rápido mentalmente, as suas próprias emoções podem estar mais suscetíveis ao sofrimento. Seja como for, trabalhe nos aspectos criativos da vida, tirando vantagem dos aspectos positivos da energia lunar de Gêmeos.

Janeiro

Você não sentirá tanto os efeitos limitadores de Saturno, que está retrógrado em Câncer. A Lua Cheia em Câncer não apresentará grandes problemas. Você reconhecerá logo as mudanças emocionais trazidas por essa Lua e rapidamente reagirá para minimizar seus efeitos. Embora essa Lua domine as suas respostas emocionais ao mundo exterior, você não se concentrará nelas por tempo suficiente para ser afetado pela honestidade emocional dessa Lua. Se estiver a fim, procure introverter-se um pouco, pois os assuntos que relegou ao inconsciente forçarão sua passagem para a superfície. Lide com eles de uma vez por todas. Cuide dos deveres domésticos que vem protelando durante a Lua Nova em Aquário, quando a Lua também faz um trígono com Júpiter. Esse aspecto psíquico e mediúnico indica capacidade de regeneração emocional.

Fevereiro

Mercúrio, regente de Gêmeos, o planeta da comunicação, torna você alguém que os outros gostam de ter por perto. Você tem a rara qualidade de olhar para o seu eu interior e racionalmente diagnosticar a sua situação emocional. Pena que você tire conclusões baseado em ilusões ou distorções da verdade, dependendo da sua capacidade intuitiva e do seu nível de confiança nessa capacidade. Isso diminui um pouco o brilho desse maravilhoso traço de honestidade. Aproveite a Lua Nova em Peixes para relaxar, coisa que você precisa muito fazer, uma vez que quase nunca está em repouso. Peixes é uma Lua sentimental e isso se refletirá nas suas emoções e ações. Também se trata de uma Lua quixotesca, criando algumas arestas no seu relacionamento afetivo. Mesmo assim é o melhor período para assumir compromissos românticos.

Março

A quadratura da Lua com Marte no dia 4 obriga você a se autocontrolar, pois a sua intolerância e o seu comodismo podem afastar os outros de você, deixando-o amargurado e sozinho. Urano transitando por Peixes faz com que você tome conhecimento dos seus limites e aprenda a relaxar, pois o seu sistema nervoso é demasiado sensível, tanto física como emocionalmente. Aprenda a dizer não de vez em quando. A Lua Cheia em Virgem no dia 6 estimulará o seu intelecto de modo inusitado, pois a Lua em Virgem também é regida por Mercúrio. Poderá executar tarefas maiores do que as que costuma lidar normalmente. Se você estiver desenvolvendo um projeto que requer concentração e trabalho árduo, não há período melhor do que este para completá-lo. Num relacionamento, a melhor abordagem é o contato direto com a área problemática. Aproveite a segunda quinzena para agir, principalmente depois da Lua Nova em Áries no dia 20. Pode surgir um romance favorecido por Vênus no final do mês.

Abril

A Lua Cheia em Libra no dia 5 deixa você ainda mais indeciso e possessivo do que de costume. A indecisão passa a ser o seu traço dominante na primeira quinzena do mês. O quanto isso vai atrapalhar os seus negócios, só você poderá dizer. As energias lunares de Libra e de Gêmeos são muito semelhantes, a de Libra é mais equilibrada. Procure passar o maior tempo possível com aquela pessoa especial na sua vida. Se ainda não a encontrou, você gostaria muito de tê-la encontrado. No dia 12, a Lua Minguante em Aquário mudará o enfoque para a área das finanças: a segurança financeira passa a ser uma prioridade e a falta de realização emocional ou financeira pode levar à depressão. Se sentir letargia, procure descansar e recuperar-se. Vá mais devagar e mime-se um pouco. Para aumentar o seu senso de segurança, invista num seguro de vida ou numa poupança programada.

Maio

Mercúrio volta ao movimento direto no dia 1º e depois transita por Touro a partir do dia 17. Isso torna o mês um pouco mais favorável aos negócios e você se sentirá disposto a investir toda a sua versatilidade num novo projeto. A Lua Cheia em Escorpião aumentará os seus desejos físicos e românticos, os seus flertes ocasionais podem tornar-se casos mais sérios de envolvimento pessoal. Outras emoções serão despertadas pelos desejos emocionais, sendo conveniente você resignar-se a lidar com esses sentimentos: prepare-se para sentir o seu efeito. Além disso, uma boa auto-análise dará bons frutos. A Lua Nova em Gêmeos acentuará a sua personalidade extrovertida e você se sentirá à vontade com essa energia lunar. Mas, se quiser progredir no trabalho e no romance durante esta fase, convém tomar cuidado para não ser demasiado volúvel. Trabalhe nos aspectos criativos da vida e você se sairá muito bem.

Junho

Logo no início do mês, uma Lua Cheia no fogoso Sagitário fará você sentir-se excitado, alegre e muito descontraído. Se você teve a coragem de fazer um auto-exame profundo durante a Lua em Escorpião, isso será compensado agora. Você pode voltar a ser idealista. Continue divertindo-se com seus companheiros de vida, pois você sente atração por essa energia unificadora. Procure não ser muito impaciente e seja sempre sensível às necessidades dos outros. A energia ardente da Lua em Sagitário sempre provoca uma reação calorosa. Você despertará uma nova paixão, isso afastará você um pouco das amizades comuns. Esse romance não esgotará a sua energia como uma Lua em Escorpião faria, mas será muito prazeroso. A Lua Nova em Câncer fará você voltar-se mais para a família e o lar. Você terá muitas idéias sobre como embelezar o seu lar. Cuidado para que ninguém o arraste para as emoções negativas e estrague os seus planos. A Lua Crescente devolverá o seu equilíbrio.

Julho

Com Júpiter e Urano irradiando energia para a sua Lua você se sente muito bem e consegue expressar os seus sentimentos mais inusitados. Você tem muitas tarefas a realizar depois da Lua Cheia em Capricórnio; mas uma oposição entre a Lua, Mercúrio e Marte provoca muita inquietação. Você fica desnecessariamente agitado. No relacionamento convém você mudar o padrão das suas respostas. Haverá muito mais interação com as outras pessoas durante a fase minguante, quando a Lua transitar por Gêmeos. Mas, durante a Lua Nova, elimine os assuntos inacabados para que sua vida não se torne caótica. Evite também os jogos de poder. Se não souber o que fazer em seguida, você deve recolher-se e pensar no próximo passo que dará. Você está pronto para novas possibilidades.

Agosto

Vênus transita por Gêmeos no início do mês, diminuindo ainda mais o seu senso de permanência. Os seus relacionamentos afetivos são superficiais e as suas emoções estão mais no nível mental do que no sentimental. Como você é curioso, quer experimentar agora tudo o que a vida tem a oferecer. Mas não vá com tanta sede ao pote. A Lua Minguante em Touro tornará a sua abordagem às emoções mais prática e você ficará mais aberto às necessidades das pessoas à sua volta. Urano está retrógrado em Peixes, portanto a tendência de fugir dos problemas com a ajuda do álcool, das drogas ou do sexo praticamente não existe. Netuno retrógrado em Aquário estimula uma abordagem social, filosófica e política à vida. A sua vida torna-se mais harmoniosa. Use toda sua astúcia para alcançar os seus objetivos materiais com a ajuda de Saturno transitando por Câncer.

Setembro

Use a sua intuição depois do dia 5, pois assim descobrirá algo que trará proveitos à sua vida profissional. Se alguma realização levar você a ficar sob a luz dos refletores, provavelmente a sensação de ver o seu talento artístico reconhecido será agradável, mas você não estará disposto a comprometer-se emocionalmente. Contudo, um comportamento provocante só pode trazer-lhe encrencas. A Lua Nova em Virgem deixará você mais apático; os outros nem sentirão a mudança, mas você tem a sensação de estar amarrado com correntes e bolas de chumbo presas aos pés. Falta-lhe entusiasmo durante essa fase lunar. Deixe para resolver assuntos importantes depois, durante a Lua Crescente. E não se esqueça de fazer uma visita ao médico, principalmente se estiver se sentindo estressado.

Outubro

Até a Lua Minguante em Câncer no dia 6, evite dar ouvidos às opiniões das outras pessoas que podem influenciá-lo negativamente. Um projeto novo tem chance de dar certo, mas não será completado como você imagina. Tudo dependerá do modo de você redigir um contrato. Quando a Lua começar a minguar, aproveite para mudar sua aparência externa. Tinja os cabelos de outra cor ou faça uma permanente, se o seu cabelo for muito liso. Se emprestou dinheiro a alguém, cobre e será pago. Se você tiver um jardim, dedique-se a ele. Na Lua Nova em Libra, você deve participar de algum grupo social, pois a interação com as outras pessoas será muito proveitosa. Atualize o seu guarda-roupa. Espere a Lua Cheia em Touro para tomar uma decisão muito prática num assunto relacionado com algum imóvel. Mas compre estritamente o necessário e procure economizar ao máximo.

Novembro

Júpiter transitando por Libra deixa você muito à vontade, gozando o seu lazer e deixando o mundo passar. O seu talento artístico começa a ser reconhecido e você se torna popular. Sua parte afetiva está um pouco limitada no momento, pois você anda fazendo tempestade em copo d'água. Um processo judicial causado por critérios duplos pode ser decidido a seu favor. Procure trabalhos que usem o intelecto, pois no fundo, no momento você anda detestando o trabalho manual. A Lua Crescente em Peixes favorece o término de um projeto. Prepare-se para atacar o próximo trabalho. Reorganize as suas gavetas para encontrar mais depressa tudo de que necessita para o seu trabalho.

Dezembro

Plutão em Sagitário favorece um grande aprendizado, a regeneração espiritual e uma volta ao mais essencial da natureza. Você sente que precisa de ainda mais liberdade para se expressar. De certa forma, você recuperou a fé na natureza humana; você reagirá à Lua Nova em Sagitário eliminando certas limitações e fazendo compras de artigos práticos e duráveis. A fase é jovial. Quanto à Lua Cheia em Câncer, você terá a impressão de que o seu trabalho não está sendo remunerado como espera e que, do ponto de vista dos trabalhadores, a segurança social continua sendo uma utopia.

LUA EM CÂNCER

No seu caso, a confiança é totalmente depositada nos sentimentos. As impressões dos sentidos são muito corretas, mas você nem sempre age com base nelas. Suas reações são lentas e incertas. Você é tão sensível que capta as vibrações boas e más das outras pessoas, o que deixa você infeliz quando essas emoções interferem nos seus relacionamentos. Seu amor especial é dedicado à família e ao lar. Essa sua tendência doméstica, protetora, inclina você a tomar conta dos outros. Você é bastante econômico e parcimonioso, não sendo dado aos desperdícios. Aproveite o seu talento musical. Cuidado para não aceitar as imposições das outras pessoas, pois ficará profundamente ressentido.

* * * *

Deus nos deixa experimentar os pontos baixos da vida para nos ensinar lições que não aprenderíamos de outra maneira.

– *C. S. Lewis*

UM VISLUMBRE DO ANO DE 2004 PARA A LUA EM CÂNCER

Transitando por Aquário, Vênus incentiva o altruísmo, o trabalho em grupo e o romantismo. Como a Lua em Câncer é muito sensível, você está sujeito a esse impacto, incentivando-se inclusive com a criatividade dos outros. Mas você também fica muito suscetível às mágoas, sofrendo em silêncio e tornando-se bastante reticente.

Se a sua Lua estiver de 0 a 9 graus de Câncer, ou você se sentirá demasiado dependente emocionalmente dos outros, ou então fará os outros tornarem-se dependentes de você. Se a sua Lua estiver de 10 a 19 graus de Câncer, você tende para a irrealidade, a hipersensibilidade e o sentimentalismo. Deve tentar usar os seus talentos artísticos de alguma forma produtiva. Acautele-se contra a preguiça. Se a sua Lua estiver de 20 a 29 graus de Câncer, você é muito intuitivo, protetor e intuitivo, precisando de muito amor e ternura, sem os quais sente-se perdido num mundo cão. A família é muito importante e você se relaciona bem com os irmãos e parentes.

Janeiro

A Lua Cheia em Câncer no dia 7 é muito importante para a sua Lua em Câncer. Você fica excessivamente preocupado com os assuntos que estão fora do seu controle, pois confia muito nos seus sentimentos e no seu poder de realização. Você se sentirá mais calmo entrando em sintonia com os seus familiares e amigos, dispostos a ajudá-lo. Procure isolar-se das vibrações negativas das outras pessoas. A Lua Crescente em Touro irá ajudá-lo a recuperar o seu equilíbrio emocional e quando chegar a Lua Nova em Aquário você estará emocionalmente mais desprendido. Você vai reagir aos fatos num nível utilitarista e ao mesmo tempo idealista. É possível que se interesse por astrologia ou pelo ocultismo e pelos assuntos sobrenaturais. Não deixe o excesso de energia emocional prejudicar o seu organismo. Você é muito amável com os outros, mas não é particularmente íntimo. Se você está precisando de dinheiro, procure uma instituição financeira. Não tente fazer um empréstimo com amigos, pois correrá o risco de perdê-los.

Fevereiro

Saturno retrógrado em Câncer não lhe trará muitos problemas, embora lhe dê tendência ao isolamento. A sua vida na infância pode ter deixado marcas e talvez o seu temperamento seja um pouco problemático. Você se sente muito responsável pela sua família. Você não costuma demonstrar os seus sentimentos íntimos, o que impede os outros de ajudá-lo. A Lua Cheia de Leão traz mais animação à sua vida. O desenvolvimento de uma idéia que desenrole um processo de trabalho totalmente novo é uma atividade perfeita para essa Lua. Use a energia dessa Lua para exercitar-se e cumprir um programa de perda de peso. A Lua Minguante em Sagitário deve ser aproveitada para o descanso e a recreação. A Lua Nova em Peixes fará você encerrar um projeto que não mais está dando certo. Os relacionamentos são favorecidos por essa Lua romântica e cabe a você fazer o romance acontecer.

Março

As fases da Lua têm um efeito tremendo na sua estabilidade emocional. A Lua rege Câncer e à medida que o regente muda, mudam também os assuntos. A intensidade do seu estado de humor acompanha o ciclo lunar. A Lua Nova afeta muito você, fazendo com que se recolha na concha, como um caramujo. Mas durante a Lua Cheia de Virgem você fica mais bem-humorado e pode dedicar-se a completar qualquer atividade que precise de atenção aos detalhes. Você será muito bem-sucedido se fizer um regime comendo alimentos naturais com a quantidade correta de potássio, cálcio e gorduras.

Abril

As coisas parecem correr bem este mês, mas antes de agir é claro que você precisa saber o que quer. Decida-se antes da Lua Cheia em Libra. Durante essa Lua você pode participar de grupos sociais, pois a interação com as outras pessoas desenvolverá uma intimidade saudável. O trabalho com vendas será muito produtivo. Nos dias 11 e 12 preste atenção pois as quadraturas da Lua com o Sol e Mercúrio podem afetá-lo negativamente. Elas fazem os seus sentimentos se misturarem aos julgamentos. Como o Sol é um princípio de auto-afirmação e a Lua um impulso de sensibilidade, há conflito entre o ego e as emoções. Esse conflito pode expressar-se através da personalidade, da saúde ou das outras pessoas. A Lua Nova em Touro é boa para iniciar projetos a longo prazo. Uma nova atividade se tornará habitual e muito difícil de mudar, portanto escolha o seu trabalho com cuidado.

Maio

Urano em Peixes deixa você bastante mutável, mas as suas intenções sempre são boas. Suas tendências místicas se revelam durante este mês. Netuno em Aquário favorecerá o seu novo modo de entender e de fazer trabalhos artísticos. A Lua Cheia em Escorpião dificultará um pouco você atingir seus objetivos, pois o seu temperamento está no limite do aceitável. Faça uma auto-análise e veja o que é essencial para você ter uma alma mais saudável. Prepare-se para o pior, mas espere o melhor. Se não se meter em encrencas você ficará bem. Observe as suas reações aos outros usando a sua intuição, preste atenção ao que lhe estão dizendo. É provável que você leve as coisas pelo lado pessoal, ao passo que eles nem sequer estão tentando ferir os seus sentimentos. Espere até a Lua Nova em Gêmeos para divertir-se um pouco, dando umas boas risadas. O foco agora não é mais em você mesmo; você continua intuitivo, porém no nível intelectual. Se estiver trabalhando num projeto a curto prazo, ele será bem-sucedido graças à combinação do seu ótimo intelecto com a força da intuição.

Junho

O mês apresenta seus altos e baixos, mas os aspectos favoráveis predominam. A Lua Cheia em Sagitário no dia 3 sugere uma viagem repentina, não planejada. Se precisar, pense num empréstimo para fazer essa viagem, pois a compensação será grande. A Lua Nova em Câncer tornará mais intenso o que você sentir: a alegria será uma euforia, a tristeza uma depressão. Talvez você nem perceba como está emotivo enquanto não estiver no calor da batalha. Você se conhece bem, mas todo cuidado é pouco perto e durante essa Lua Nova. Mas se você continuar encarando a vida de forma positiva, verá que há um certo clima de romance no ar. O amor é uma coisa maravilhosa, mas ouça os seus instintos. Você pode ser vítima de uma paixão momentânea, deixando de ver quem é de fato o objeto da sua paixão. Confie na sua voz interior. Só assuma um compromisso se ela indicar que isso é oportuno.

Julho

A oposição da Lua ao Sol, Mercúrio e Marte no início do mês gera alguns obstáculos à realização dos seus planos na primeira semana do mês. A Lua Cheia em Capricórnio não é muito alegre, pois é fixa, insensível e não emocional. Mas sentir-se desligado das emoções durante certo tempo pode ser agradável para você. Mas também pode acontecer de essa Lua em Capricórnio apenas diminuir as suas oscilações emocionais, tornando-as mais controláveis. Aproveite para tomar suas decisões financeiras, adotando um ponto de vista frio, calculista. Nem por isso você será uma pessoa sem coração! A Lua Nova em Leão pode iluminar dias cinzentos e nublados. A energia de Leão colocará você no controle das situações que em geral você não controlaria, e fará você delegar trabalhos que em outra ocasião faria sozinho. Isso requer coragem e Leão é um signo corajoso. Aproveite essa energia!

Agosto

Saturno transitando por Câncer deixa você inibido na demonstração do amor e das emoções. Mas Vênus em Câncer, a partir do dia 8, sugere que você se mantenha ocupado e desfrute o seu lar. Se não puder cuidar da sua casa, procure alguém de quem cuidar; mas não se apegue demasiadamente às pessoas. A Lua Nova em Leão aumenta a sua capacidade de se afirmar. Por sua vez, a Lua Cheia em Peixes se define pela utilidade e pelo modo como os trabalhos são feitos. Procure prestar atenção aos detalhes. Os devaneios, a música, a criatividade e o amor compassivo exercerão um efeito poderoso sobre as suas emoções. Emocionalmente, a Lua em Peixes é um período imprevisível, mas cheio de romantismo. Faça planos nesse sentido e vá a algum lugar agradável com o seu parceiro. Não é sempre que surge uma oportunidade tão boa para a diversão.

Setembro

O seu senso de perfeccionismo está no auge porque tanto o Sol como a Lua estão no signo detalhista de Virgem. Marte fornece o impulso adicional para você fazer as coisas, e a Lua Nova em Virgem é como uma central de força, oferecendo a oportunidade ideal para você plantar as sementes para um novo crescimento. Plutão em Sagitário representa o que é segregado numa sociedade, representa a sombra coletiva. Portanto, talvez você sinta que está sendo chamado à atenção por não estar aderindo ao seu sistema de crenças com algum plano novo: mas primeiro o velho tem de ser eliminado para abrir espaço ao novo. A Lua Cheia em Áries fará os eventos dos próximos dias passar muito depressa, inclusive as negociações secretas que ocorrem por trás dos bastidores governamentais. Os jornais podem divulgar encontros tramados atrás de portas fechadas e o mau humor será uma constante na classe dos trabalhadores. É claro que isso também afetará você, de uma ou de outra maneira.

Outubro

Mercúrio inicia o mês em Libra e Vênus, em Leão. Você será dado a comportamentos teatrais, visando ser o centro das atenções. Mercúrio em Libra torna você muito rigoroso no que se refere aos seus princípios. A conduta grosseira dos outros realmente desagrada você; conviver com você está um pouco difícil por causa da sua tendência ao perfeccionismo. A Lua Nova em Libra no dia 13 não tem uma energia imediatamente perceptível, pois parece emanada ainda pelo signo de Virgem. Já a Lua Cheia em Touro é muito forte. As pessoas parecem mais sombrias do que de costume. Você também sofre algumas restrições, que parecem opressivas. Seja como for, os pontos ásperos das suas oscilações emocionais parecem ser suavizados: você não atinge as alturas, mas também não mergulha nas profundezas emocionais. O desejo de segurança aumenta e a Lua faz você pensar que, afinal de contas, o melhor porto seguro é o seu lar.

Novembro

No início do mês você parece estar muito confiante em suas ações, tanto em casa como no trabalho. Mas é que você sabe com quem pode contar numa emergência. Por ocasião da Lua Nova em Escorpião, você deve evitar confrontos de qualquer espécie, pois é muito melhor abordar os assuntos de modo positivo e conservador, para não dizer antiquado. Você cogita em ajudar os outros nessa Lua extremamente emocional. Durante a Lua Cheia em Gêmeos do dia 26, você pode concretizar a sua vontade de ajudar, começando a agir. Há muita controvérsia acerca da economia do país, mas você quer certificar-se de que a sua família e o seu país estejam em segurança. Para tanto está disposto a investir tempo e dinheiro nalguma causa patriótica.

Dezembro

O excesso de emotividade prejudica a sua objetividade. Mercúrio volta ao movimento direto no dia 21, fazendo você concentrar-se mais no intelecto e, então, não falta nada para atiçar a sua criatividade. Fique atento para não perder nenhuma oportunidade de se expressar. A Lua Nova em Sagitário no dia 11 favorece um período feliz, pois a influência dessa Lua de Fogo é muito confortante. Fique de olho na sua intuição ao fazer suas escolhas, pois intuitivamente você atingirá o ponto certo sem muita discussão. A Lua Cheia em Câncer deixa você um pouco inseguro quanto ao seu futuro, mas se confiar em seu eu interior não haverá grandes problemas. Ao lidar com os outros as queixas e o criticismo podem ser armas poderosas. Continue otimista, vale a pena esperar por um novo ano.

LUA EM LEÃO

"Criativo", "dramático" e "orgulhoso" são algumas palavras que descrevem os traços do seu caráter. O orgulho é importante para a personalidade da Lua em Leão. Você se orgulha das suas realizações e justificadamente se vangloria das suas ações. Você também é muito extrovertido, exibindo as suas características de modo muito positivo. É muito autoconfiante e emocionalmente apegado a tudo o que lhe pertence. Sabe avaliar rapidamente as motivações das outras pessoas e tem um temperamento fogoso: você logo as coloca no seu devido lugar. É um pouco egocêntrico, não é muito objetivo, e a sua perspectiva emocional é um pouco fraca: o coração tem de estar envolvido se for para você desfrutar de fato de um relacionamento. Tem emoções nobres, mas não se convence facilmente, a não ser que sua mente esteja aberta. Gosta de ser admirado e aplaudido. É sexualmente magnético, mas a tendência é de ser arrogante e dominador. Tem grande capacidade de organização: mas não deixe que isso o torne uma pessoa autoritária demais. Você gosta dos prazeres sofisticados.

UM VISLUMBRE DO ANO DE 2004 PARA A LUA EM LEÃO

A energia fogosa de Leão unida à Lua cria paixões emocionalmente carregadas. As suas dramatizações são divertidas, mas nunca descontroladas. A sua necessidade de ser reconhecido o levará a descrever os seus estados de humor da seguinte maneira: "brilhantes como uma estrela supernova" ou "apocalípticos". Você tem tendência aos extremos. Se a sua Lua estiver de 0 a 9 graus de Leão, viver rapidamente e em liberdade é o seu estilo de vida. Você precisa do equilíbrio entre o seu eu interior e a sua *persona* exterior. Se a sua Lua estiver de 10 a 19 graus de Leão, você é um otimista que transpira felicidade e poder. A competição é um modo negativo de você atender as suas necessidades. Se a sua Lua estiver entre 20 e 29 graus de Leão, você deve liberar as suas emoções com intensidade dramática e permitir que os outros conheçam a sua verdadeira expressão emocional, pois eles retribuirão da mesma maneira. Participar da vida lhe oferecerá todas as recompensas que você espera receber.

Janeiro

Se você levar o seu orgulho longe demais, isto pode ser um problema este mês. Orgulhar-se dos seus feitos é uma coisa, mas exigir que os outros reconheçam os seus feitos é outra. A sua impaciência e determinação também podem tornar-se problemáticas. Um sorriso e algumas palavras gentis poderão fazer a diferença. A Lua Cheia em Câncer no dia 7 mostra emoções mais fortes do que a lógica. Você acha que uma impressão desagradável paira no ar. No entanto, o Fogo e a Água das duas Luas se misturarão provocando um vaporoso calor passional. A sensibilidade e a paixão serão intensificadas nos seus relacionamentos amorosos superficiais. A Lua Nova em Aquário no dia 21 concentrará a sua atenção nesses relacionamentos. Mas você faria melhor tentando perceber os sentimentos profundos dessa Lua; na verdade, a Lua em signo de Ar é conhecida pela sua capacidade de ignorar as respostas emocionais que surgem na vida. Em vez de lidar com elas e aprender algo, a Lua em Aquário as armazenará num reservatório interno esperando que este nunca se rompa. Você pode contar com a admiração e o respeito das outras pessoas porque segue o seu próprio caminho. Elas também admiram a sua auto-estima.

Fevereiro

Os jogos de poder que surgem espontaneamente podem dar certo no lar, mas são inadequados no ambiente de trabalho. A Lua Cheia em Leão no dia 6 derrama uma luz muito brilhante sobre as finanças relacionadas com os seus sócios. O Sol em Aquário também representa a abundância e o resultado é de duas mãos: ou você o considerará “celestial” ou o achará “infernal”, dependendo das circunstâncias da sua vida econômica. Mas a Lua Nova em Peixes colocará a ênfase nos seus recursos, revelando que você passa por certa instabilidade enquanto ocorre uma mudança; e você se move numa outra direção. Apenas relaxe e seja você mesmo para aprender algo sobre as emoções de uma Lua em Peixes. Durante esta Lua você obterá o que quer, ao menos na área emocional. A sua personalidade leonina eclipsa a Lua em Peixes de muitas maneiras, mas você não deixará de sentir os efeitos dessa Lua romântica, quente e gentil. Aproveite para analisar alguns assuntos do passado com segurança.

Março

Está na hora de você analisar todos os aspectos do seu projeto, sem permitir que outras pessoas interfiram nele ou na sua privacidade. A sua saúde pode inspirar cuidados devido ao *stress*. Se tiver dúvida, procure a opinião de um segundo médico antes de fazer o tratamento.

Durante a Lua Cheia em Virgem o seu discernimento será melhor e o seu criticismo também. A abordagem analítica de Virgem à vida não dá espaço às emoções. No entanto, nas suas percepções as emoções representam um importante papel. Sendo assim, esta Lua traz frustração aos seus processos de raciocínio. Você desejará ver as coisas mais de perto antes de tomar alguma decisão. Afinal, você está acostumado a tomar suas decisões com base em critérios emocionais. A Lua Nova em Áries no dia 20 faz você concentrar-se nos relacionamentos afetivos, com flertes intensos e muitas doses de bebida. Você é sexualmente magnético e encantador, mas também convencido e arrogante. Essa Lua acentua o seu temperamento alegre e autoconfiante. Você é honesto e quer uma posição de *status*. Lutará com unhas e dentes para obter reconhecimento.

Abril

Este mês você se sente tentado a descansar um pouco e a relaxar. O Leão é preguiçoso por natureza, e quando as suas energias exigem, você está pronto para uma soneca. A Lua Cheia em Libra no dia 5 está iluminando um assunto ou situação que precisa voltar ao equilíbrio. Esta Lua enfatiza a comunicação honesta, a parceria, a negociação e a atitude pacífica. Como esta Lua alimenta a interação positiva com as outras pessoas e como Leão é um signo sociável, você deve procurar participar como voluntário num grupo de ajuda, ou ao menos freqüentar algumas festas. Um jantar à luz de velas para dois também é uma dica que vale a pena conferir. A Lua Nova em Touro em 19 de abril favorece os projetos a curto prazo. Se você quer um emprego que dure muito tempo, convém não começar agora, pois logo ele será abandonado outra vez. Que tal perder um pouco de peso para aquela festa que se aproxima? Mas não planeje uma perda constante de peso. Faça muitos exercícios, principalmente ao ar livre. No geral, este é um mês bastante tranqüilo.

Maio

Antes do eclipse lunar total do dia 4 de maio, preste muita atenção para não perder nenhum detalhe do seu processo de criação. Depois, a Lua Cheia em Escorpião, também no dia 4, chama a sua atenção para os recursos – os seus, os da nação e os investimentos no exterior – mas as previsões são sombrias; ouviremos falar de agitações populares, de perdas financeiras ou de mortes nos próximos dias. Netuno em Aquário representa os valores coletivos e é associado também a táticas subversivas.

A Lua em Escorpião intensifica os sentimentos e as emoções. A Lua Nova em Gêmeos é avoada, volúvel, persistente e até mesmo teimosa. Você deve prestar atenção à percepção e tentar conscientizar-se de como pode curar ou completar algo na sua vida, que possa ser importante para o decurso de todo o ano. Você desenvolverá um senso mais forte do que você valoriza; você também pode ver com mais clareza que os seus valores individuais são diferentes dos das outras pessoas.

Junho

Alguns aspectos desfavoráveis com a sua Lua tornam o início do mês pouco compensador em matéria de negócios e trabalho. Mas a Lua Cheia em Sagitário no dia 3 acrescenta uma qualidade mutável às situações porque Urano e Júpiter estão em signos mutáveis, portanto a falta de uma direção clara é uma influência neste período. Plutão e Vênus ainda estão retrógrados, então os assuntos regidos por Vênus continuam passando por dificuldades. Mas você pode desenvolver um senso mais forte do que tem valor. A Lua Nova em Câncer no dia 17 torna a sua reação a certos temas com paixão e intensidade. Você não percebe as suas atitudes compulsivas, ao contrário das demais pessoas. Talvez você mude rapidamente de opinião, o que impossibilita a execução de novos planos.

Julho

A Lua Cheia de julho em Capricórnio é muito apropriada para planos estruturados. Você pode desenvolver os seus com alicerces bem fundeados, especialmente se envolverem o seu interesse financeiro. Faça agora os seus planos para o futuro. Equilibre o seu talão de cheques e acerte os termos de pagamento com os seus credores ou pague suas novas compras à vista. Neste momento, os investimentos são bastante seguros. A Lua Nova em Leão no dia 17 fará surgir a dimensão da "mãe terrível" que quer manter controle sobre os indivíduos. Isso influencia a psique dos nativos de Leão, que não apreciam tampouco a confusão armada pela condição nebulosa de Netuno. Em julho há outra Lua Cheia em Aquário no dia 31, no final do mês. Esta Lua está em oposição à sua Lua natal, portanto você se sente atraído pelas influências aquarianas. Em vez de lidar com as suas emoções, você exibe a sua personalidade de forma ostensiva. Você prefere ignorar as respostas emocionais que aparecem na sua vida.

Agosto

A Lua Cheia do dia 31 de julho continua exercendo sua influência no início de agosto, mas de modo benéfico, permitindo que você isole alguns dos problemas do passado e os analise bem. A Lua Minguante em Touro mostra-se útil quando certo grau de estabilidade é necessário em sua vida. Essa Lua também torna você muito teimoso. Todo esforço parece demasiado para você, até mesmo servir uma refeição para a sua família. Logo esse sentimento passará, pois é provável que você faça uma pausa em suas atividades ou tire umas férias. A Lua Nova em Leão deixa você à vontade, pois você conhece bem essa energia lunar. Você é muito amoroso, especialmente sob a influência desta Lua. Você também fica mais tagarela, querendo falar sobre as suas realizações e sonhos. Mas só fale a verdade. Dê a sua ajuda aos outros, mas sem esperar nada em troca. Ajudar será fácil, mas você logo perceberá que não esperar reciprocidade é muito difícil. A Lua Cheia em Peixes no dia 29 não fornece uma energia muito forte para a sua fogosa Lua. Mas se não ajuda, a Lua em Peixes também não atrapalha e até pode ser benéfica, se você aproveitar para analisar e aceitar o seu eu interior.

Setembro

Antes de aceitar uma oferta de negócios, analise bem os fatos e só tome uma decisão se a sua intuição lhe der um sinal verde. A Lua Nova do dia 14, em Virgem, sugere que os detalhes de qualquer projeto são da maior importância, se for para ele dar certo. Não queira ditar o rumo de todos os seus relacionamentos. Não seja tão insistente quanto a isso. Isso de você querer o que quer, do jeito que quer, cria mais inimizades do que afetos. Os outros sentem que você não os compreende de verdade. A Lua Cheia em Áries no dia 28 transformará você num conquistador, num paquerador de primeira classe. Na verdade, todo esse charme só lhe trará problemas.

Outubro

Até o dia 12, durante a Lua Minguante, você talvez tenha de encerrar um relacionamento infeliz. A competição provavelmente estragou esse relacionamento e a única solução é um corte. A Lua Nova em Libra traz paz durante alguns dias se você ficar emocionalmente disponível a aceitar seus erros. Isso será difícil, no entanto, porque o seu orgulho ficará ferido. Mas com certeza você se sentiria melhor. Se você se abrir às suas emoções, as outras pessoas enxergarão a pessoa gentil que você é por trás de todo seu disfarce de durão. Tente distrair-se um pouco. A Lua Cheia em Touro no dia 28 obrigará você a relaxar e dedicar-se à família. Como tanto Touro como Leão são teimosos, você superará os efeitos desta Lua investindo no poder de Leão – uma pequena fogueira libertará você.

Novembro

Você começa o mês retomando velhos planos, idéias e amores. Mas nada parece dar certo durante a Lua Minguante, portanto você deve esperar pela Lua Nova do dia 12, em Escorpião, para dedicar-se ao romance. As outras pessoas costumam interessar-se pelo seu estranho estilo de vida, em que tudo parece nadar em intensas emoções. A sua intuição está boa, mas é preciso você aproveitá-la. Seja honesto consigo mesmo e compartilhe suas respostas emocionais com as outras pessoas. Cuidado para que os seus sentimentos não sejam mal-interpretados. O seu impulso sexual é grande durante esta Lua. A Lua Cheia em Gêmeos no dia 26 envolve investimentos e a sua habilidade de lidar com o dinheiro e a comunicação. Se o seu trabalho é no comércio, invista na propaganda dos seus produtos. Júpiter em trígono com Netuno indica que o trabalhador comum será favorecido de algum modo pelo governo.

Dezembro

No início do mês, a Lua está em oposição a Saturno, um aspecto que indica insegurança. Você fica com a impressão de que trabalha muito e isso é motivo de frustração. Você precisa vencer a sensação de falta de autoconfiança, para que os seus negócios e a sua vida afetiva continuem dando certo. A Lua Nova em Sagitário no dia 11 deve ajudá-lo a se descontrair: não se leve demasiado a sério, ria de si mesmo e os outros rirão com você. Analise as suas reações emocionais ao que aconteceu no passado e ao que está acontecendo no momento; tente entender as suas ações e como se sente com o que fez. No dia 26, a Lua Cheia em Câncer leva você a pensar nas suas raízes, no seu lar, no seu país, nas tradições e nas suas ideologias. Aproveite o período para embelezar a sua casa, faça um churrasco e comemore as novidades com os amigos, a família e os colegas de trabalho. Toda essa harmonia lhe fará muito bem. Além disso, a época é de festas e convém você se preparar para o ano novo.

LUA EM VIRGEM

Você não se sente bem a sós, pois gosta de partilhar experiências com as outras pessoas. Emocionalmente, você quer ditar o rumo de todos os seus relacionamentos. Mas gosta de servir as pessoas e de dedicar-lhes o seu tempo, inclusive com sacrifício pessoal. No entanto, sente uma grande dificuldade para entender os sentimentos dos outros. A qualidade mental é de firmeza e praticidade. Você tem excelente memória, mas analisa e critica todas as impressões dos sentidos. Gosta de ciência e ocultismo. Basicamente, é "certinho" e conservador, mas aparenta ser tranqüilo, modesto e tímido, apesar da tendência de procurar defeitos em tudo. Tem uma grande preocupação com dieta, saúde e higiene, em geral é nervoso, o que prejudica a digestão. Você tem bom tino comercial e é meticulosamente apegado aos detalhes. Procure desenvolver as suas capacidades intuitivas. Você precisa de serenidade no lar para compensar a tensão que cria na sua vida quando os sentimentos fogem do seu controle. Se for crítico demais, acabará sozinho, o que é tudo o que você não quer.

UM VISLUMBRE DO ANO DE 2004 PARA A LUA EM VIRGEM

O perfil lunar de Virgem mostra um trabalhador esforçado e prático, mas que não trabalha simplesmente por trabalhar: o seu trabalho é voltado para um determinado fim ou objetivo. O recurso que mais utiliza na vida é a lógica e a sua precisão intelectual é adequada para a análise e solução de problemas. Se a sua Lua estiver de 0 a 9 graus de Virgem, você tem a capacidade especial de enxergar a verdade por trás das ilusões, confiando na voz interior. Sempre que a ignora dá-se mal. Se a sua Lua estiver entre 10 e 19 graus de Virgem, a sua tendência é procurar a estabilidade, fazendo sacrifícios no campo dos relacionamentos. Você não é dado a namoros românticos, mas eles acontecerão se você entender e ouvir o seu coração. Se a sua Lua estiver entre 20 e 29 graus de Virgem, você pode ser obsessivo e analítico demais. Você é conhecido pelo seu perfeccionismo. Você sempre achará que o seu trabalho não é suficientemente bom, portanto, que ele nunca está completo. A sua salvação é o seu poder inato de discriminação. Confie nos seus instintos e aproveite um pouco a vida.

Janeiro

O mês começa com um trígono da Lua com Mercúrio e os dois planetas afetam a sua natureza emocional. Você quer coisas fora do comum. Acha que merece porque é autêntico e um artista em potencial. A Lua Cheia em Câncer no dia 7 indica que as emoções e os sentimentos vencerão a lógica. E você arranjará alguns inimigos a fim de poder expressar sua agressividade. Os virginianos precisam de alguém com quem se zangar. Você vai ficar de mau humor bem depressa, mesmo sem muita provocação. Talvez você descubra que andou mentindo para si mesmo em questões de integridade. A sua vida pode estar sendo conduzida pelo medo, e isso é difícil de engolir. Reconheça esse medo e fique aberto às verdades. A Lua Nova em Aquário no dia 21 concentrará a sua atenção nos relacionamentos. De certo modo, você se sentirá separado da vida e dos outros. Talvez o que aconteça com eles não o interesse, só o preocupa o que acontece com você. A sua aparência é de calma e de cabeça fria, quase não emocional. É que você não compartilha o que sente com os outros. Cuide de si mesmo e não espere muito das circunstâncias. Nesta fase lunar há um potencial maior para os problemas do que para o sucesso.

Fevereiro

A Lua Cheia em Leão no dia 6 lança sua luz sobre as finanças ligadas às sociedades e parcerias. Você quer a abundância. Mas tente não depender dos outros para ter as suas necessidades atendidas. Esta Lua deixa você hiperativo e se ninguém reconhecer o seu esforço, isso sabotará o seu prazer. Tente engajar-se num projeto que lhe dê satisfação e gratificação. Você será muito mais produtivo. A Lua Nova em Peixes, acompanhada por Urano, Mercúrio e Netuno, sugere que você fique de olho nas finanças. A sua sensibilidade virá à tona e você terá vontade de ajudar os outros. Você está feliz, porque o seu relacionamento amoroso se estabilizou e floresceu, gerando uma oportunidade para o romance. Mas deve tomar muito cuidado, porque está mais sujeito à manipulação.

Março

Júpiter está retrógrado em Virgem, e em conjunção com a Lua, por isso as coisas parecem um pouco paradas no que se refere às realizações. No entanto, a Lua Cheia em Virgem no dia 6 deixa você mais "crítico" e aumenta o seu discernimento. Então você se sente "em casa", porque os seus traços básicos estão sendo alimentados por essa Lua. Você aceita melhor sua situação, analisando os seus aspectos positivos e negativos. Você verá os dois lados de cada questão com o seu intelecto privilegiado. A Lua Nova em Áries é um bom período para você voltar a sua atenção para a família e os relacionamentos. A Lua Nova em sextil com Marte favorece o pensamento criativo e a ação. Então está na hora de você fazer as coisas. A atitude apressada desta Lua levará você a conduzir suas ações até o fim. Terá de praticar a paciência porque é difícil conter a energia errática de Áries. Os projetos exigem ação, em vez da habitual análise virginiana.

Abril

Não espere muitas mudanças até a Lua Cheia em Libra no dia 5. Se você anda querendo resolver certa questão, uma atitude pacífica e equilibrada girará os ponteiros a seu favor. Mas o equilíbrio pretendido por Libra será difícil de atingir sem a ajuda da energia de Marte e de Plutão. Saturno também favorece as viagens curtas. A Lua Nova em Touro como que inicia um novo ciclo e indica uma nova linha de pensamento: portanto, você se pegará analisando o que realizou até aqui. Você não aprecia esta energia lunar e o seu nível de paciência diminui. As pessoas do seu convívio acharão você muito insensível porque está se afirmando demais. Faça o que tiver de fazer. A atitude apressada desta Lua fará você perseguir seus objetivos até a conclusão.

Maio

A Lua Cheia em Escorpião em oposição ao Sol em Touro é acompanhada por um eclipse lunar. A sua atenção é despertada para os seus recursos financeiros. Mas o prognóstico não é favorável, pois Saturno também lança sua sombra limitadora sobre esse campo. Não convém especular. Você não tolera que os outros se intrometam nos seus negócios, pois gosta de um pouco de segredo na sua vida. Se tiver de resolver assuntos particulares, esta é a melhor ocasião para fazer isso. Nos próximos dias a questão será quanta confiança você poderá depositar nos outros. Outra preocupação é a sua vida sexual, e a intensidade emocional e admiração podem ser expressas através do sexo. Procure passar bastante tempo com o seu parceiro. A Lua Nova em Gêmeos enfatiza os assuntos ligados à comunicação. A atitude de Gêmeos é volúvel, e você não saberá exatamente como quer que as coisas sejam feitas.

Junho

O mês apresenta mais dias favoráveis do que desfavoráveis e você pode aproveitar a Lua Cheia em Sagitário do dia 3 para resolver assuntos pendentes com amigos e parentes. Divirta-se um pouco também. Seja espontâneo, isso tornará mais fácil adaptar-se às mudanças da vida. No entanto, você pode suspeitar das motivações que levam os outros a agir; contudo, mesmo com essas suspeitas, você achará mais fácil lidar com eles. Essa Lua deixa você mais otimista também. A Lua Nova em Câncer faz você pensar no passado. O que você vê ou compreende? Então, lide apaixonadamente com as respostas. Plante agora o que quiser colher no futuro. Expanda os seus horizontes e cultive o seu intelecto. A sua criatividade está em alta, e quando quer provar o seu ponto de vista, muitas vezes você se enreda nas próprias explicações.

Julho

O mês praticamente inicia com uma Lua Cheia em Capricórnio; além disso Saturno está quase fazendo uma conjunção com o Sol em Câncer. O aspecto é inevitável, mas o seu modo de encará-lo pode ser escolhido, portanto, esteja preparado. A Lua em Capricórnio traz algum tipo de desapego. Mas não diminui o seu nível de sucesso. Enquanto você dedicar-se a atividades práticas, o trabalho será um prazer. Você também sente prazer ao lidar com as suas posses e o seu dinheiro, mas quer mantê-los para si, não tencionando compartilhá-los com ninguém. A Lua Nova em Leão obriga você a observar tudo o que ocorre no país e que possa ter um impacto na sua vida pessoal, pois tenderá a não dar muito crédito às notícias divulgadas, que considera muito vagas. Não permita que o medo governe a sua vida: seja autêntico e você acabará tendo sucesso.

Agosto

Você gostaria de ser menos crítico ao lidar com as pessoas que julgam que são donas da verdade. Ora, basta ser mais diplomático e menos intolerante. Cada um tem direito a ter a própria opinião, é ou não é? A Lua Nova em Leão no dia 15, com sua energia fogosa, é bem-vinda e um alívio para a aquática Lua em Câncer. Você se destaca e acha que merece reconhecimento. Por que você mesmo não se dá uma recompensa, como talvez um jantar num restaurante moderno ou um cineminha? Não convém depender dos outros para atender às suas necessidades. A Lua Cheia em Peixes no dia 29 de agosto estimula o seu entrosamento com os estados emocionais dos outros, e você usa a intuição para adivinhar os desejos deles. No zodíaco, Peixes é o oposto de Virgem e essas influências contrárias podem afetar a sua saúde física. Ouça o que o seu corpo lhe quer dizer.

Setembro

O mês talvez se inicie com certa pasmaceira, mas você logo se animará na Lua Nova em Virgem, no dia 14. Você fica muito à vontade com essa energia lunar que alimenta tão bem o seu próprio perfil lunar. Você até chega a aceitar algumas situações que não reconhecia antes. De repente, você se pegará analisando os aspectos positivos e negativos da situação em que está; à primeira vista, esse comportamento analítico demais pode ser deprimente. Mas ele terá sua utilidade na hora de resolver os problemas dos quais até mesmo a sua mente detalhista fugiu. Você questionará tudo, analisando ambas as partes de um argumento. A Lua Cheia em Áries aumentará a sua energia e também a sua impaciência. Você disseca todos os fatos com a sua mente analítica e corre o risco de ser considerado insensível. E sabe o que mais? Você pouco se importa com a opinião dos outros!

Outubro

Cuidado para não se esgotar emocionalmente ao lidar com tantos problemas de uma só vez. Você chega a achar que está enlouquecendo e que seria melhor enterrar a cabeça na areia como um avestruz. Mas a Lua Nova em Libra no dia 13 promete devolver-lhe ao menos parte do seu equilíbrio. Uma parte somente, porque você é atingido em cheio pela indecisão. As escolhas são difíceis e a frase que você pronuncia mais é: "Não consigo me decidir!" Não cumpra tarefas novas, que nunca executou antes. Aproveite para intensificar os seus laços de amizade, especialmente com o sexo oposto.

Novembro

A situação no trabalho pode ficar complicada se você não souber delegar poderes. Uma andorinha só não faz verão, e é preciso que você confie mais nos seus colegas de equipe. A Lua Nova em Escorpião no dia 12 fará você pensar um pouco. Talvez você até faça um pequeno retiro para ficar às claras consigo mesmo. Nisso poderá ser ajudado por um amigo íntimo. Por que não passar algumas horas agradáveis com ele? Se gostar de medicina natural, a ocasião é ótima para comprar ervas, chás e produtos naturais. A Lua Cheia em Gêmeos no dia 26 fará você pensar em soluções inusitadas para os seus problemas, mas quando você for colocar as suas idéias em prática perceberá como elas são irrazoáveis. Mas adivinhe: é provável que dêem certo.

Dezembro

A gravidade dos problemas deve determinar a intensidade das emoções para que não haja um desgaste desnecessário. Se mantiver o controle, o mês será muito proveitoso. A Lua Nova no dia 11, em Sagitário, estimula a fé na vida e no espírito. Mas o descanso também é muito adequado para a Lua em Sagitário. Por falar em fé, por que você não doa parte do seu tempo vago para uma igreja ou instituição religiosa que precise da sua ajuda? A Lua Cheia em Câncer no dia 26 sugere atividades domésticas, como fazer biscoitos, cozinhar sopas ou assados e fazer pão em casa, sem esquecer de preparar uma sobremesa. Há um clima de bem-estar no ar, talvez devido à mudança de decoração da casa, da grande quantidade de flores e, principalmente, devido à presença de tantos membros da família e amigos. Você se sintonizará rapidamente com o clima festivo. Afinal, o Ano Novo está chegando!

LUA EM LIBRA

Se a sua Lua natal é Libra, você gosta de partilhar experiências em todas as ocasiões e é muito afável com as pessoas, pois quer que os outros gostem de você. A conduta é naturalmente cortês, charmosa e diplomática. De acordo com a mudança dos acontecimentos, você costuma sofrer de altos e baixos, mas tende a se fixar ao momento presente. É facilmente desarmado por um elogio. Precisa aprender a dizer *não*. É bastante perfeccionista e gosta de avaliar os fatos, mas sem criticá-los ou analisá-los como a Lua em Virgem. Para você, o julgamento é mais importante do que a execução. Você não é muito decidido, as pessoas à sua volta conseguem influenciá-lo. Nem sempre você transforma as suas idéias grandiosas em realidade.

UM VISLUMBRE DO ANO DE 2004 PARA A LUA EM LIBRA

Libra é o sétimo signo do zodíaco, regido pelo planeta do amor, Vênus. Este signo possui uma curiosa combinação de qualidades – tem influências do princípio Masculino e é regido pelo Feminino. Os aspectos femininos controlam os relacionamentos e fazem de você um dos indivíduos mais amorosos e protetores de todos os signos. O casamento, a família e os relacionamentos têm uma importância enorme na sua vida. Se a sua Lua estiver entre 0 e 9 graus de Libra, os aspectos masculinos deste signo representam o seu forte instinto de preservação pessoal e um eu interior bastante duro. Muitas vezes os outros subestimam você porque as suas qualidades femininas fazem você parecer fraco, mas o oponente em potencial logo verá como se enganou. Se a sua Lua estiver entre 10 e 19 graus de Libra, você é muito indeciso, até mesmo com coisas fúteis, como a escolha de uma roupa ou um jantar. Nas conversas você pula de um assunto para outro, pois os seus processos mentais são rápidos. Às vezes você tenta resolver um problema maior do que de fato é. Se a sua Lua estiver entre 20 e 29 graus de Libra, você acha difícil contrabalançar a confiança em si mesmo com o companheirismo. Por causa da sua necessidade inata de estar junto dos outros, a falta de um relacionamento firme poderá fazer você sentir-se inadequado. A necessidade de aprovação e aceitação deixa você muito vulnerável à manipulação. A justiça é muito importante para todas as pessoas que têm a Lua em Libra.

Janeiro

Para obter segurança emocional, você deve usar a sua natureza inata, amorosa e romântica. Aprenda que primeiro você tem de sentir-se pessoalmente seguro, para depois sentir-se seguro num relacionamento. A Lua Cheia em Câncer no dia 7 é uma experiência maravilhosa se você for emocionalmente estável e seguro. Ela ajudará você a ver as áreas do seu eu interior que precisam melhorar. Um dia na praia é um dos melhores modos de lidar com a Lua em Câncer. Um ambiente aquático permite uma boa catarse, se você olhar introspectivamente para si mesmo e para a sua boa forma emocional. Locais favoráveis são a praia, um lago, a margem do rio, mas qualquer local ao ar livre dará o mesmo resultado. A Lua Nova em Aquário torna difícil você entrar em contato com os seus sentimentos. A Lua em Aquário aumenta a sua atividade mental. É menos provável que você discuta tudo com todos ou que salte de um assunto para outro, mas por certo saberá defender o seu ponto de vista em qualquer conversação. Você não aprecia as tentativas de os outros se aproximarem muito, preferindo manter a sua invulnerabilidade emocional.

Fevereiro

Este não é um mês complicado para quem tem a Lua em Libra, embora apresente os seus altos e baixos financeiros. A Lua Cheia em Leão no dia 6 derrama uma luz intensa sobre os negócios e os investimentos no exterior. No nível pessoal, esta Lua aquecerá as suas emoções. Se você controlar gentilmente o seu ambiente, atrairá muita atenção ao fazê-lo. Com a energia calorosa de Leão, a segurança interior está garantida. Será muito fácil conversar com você, pois haverá muita sinceridade da sua parte. A Lua Nova em Peixes no dia 20 é acompanhada por uma concentração de planetas, como Urano, Mercúrio e Netuno, o que indica muita atividade. A intensidade sexual de Escorpião deu lugar ao romantismo nesta outra Lua de Água, que faz então a sua magia. Concentre-se no principal relacionamento: com o seu charme natural, logo terá o parceiro aos seus pés. Use a intuição, pois se lhe der ouvidos, ficará firme e não irá correndo procurar um juiz de paz para fazer um casamento à meia-noite. Mas goze seus sentimentos de amor e harmonia. Não há nada melhor para ultrapassar alguns dias mais nublados.

Março

Uma das suas maiores forças é manter bons relacionamentos pessoais e públicos. Os outros gostam de você porque os trata de modo respeitoso. Você ficará irado com qualquer tipo de injustiça que observar, não só em março, mas sempre. Além disso, você não gosta de ser julgado negativamente, principalmente quando esse julgamento é feito por um amigo íntimo ou amante. A Lua Cheia em Virgem no dia 6 poderá levá-lo à loucura. Você já é muito indeciso e essa Lua analítica leva você a analisar ainda mais as suas decisões. Em vez de fazer uma escolha, agora você quer conhecer todos os fatos. Tudo o que não estiver firmemente decidido em sua vida será analisado. Isso fará você questionar as suas necessidades e desejos. A Lua Nova em Áries tornará as suas experiências mais emocionais. Áries fará você ir em busca das oportunidades, em vez de esperar que elas se apresentem. A Lua em Áries fará você tomar uma decisão. Sejam quais forem essas escolhas, você as fará, lhes dará prioridade e então começará a agir.

Abril

A Lua em Libra é representada pela balança, que deve sempre estar em equilíbrio. Você fica muito frustrado quando alguma injustiça faz os pratos da balança pender, especialmente se não se inclinarem a seu favor. A Lua Cheia em Libra no dia 5 faz você olhar-se no espelho; pode acontecer de você não ficar feliz com o que vir. Todas as suas qualidades emocionais estão aumentadas nesta Lua. Portanto está na hora de olhar para si mesmo. Nem sempre é fácil olhar no espelho, mas se olhar bem, verá a verdade. Quem está olhando de volta é o seu melhor amigo. Assim como você trata bem todas as pessoas, por que não tratar bem a si mesmo? Cuide de você como quem cuida do melhor amigo. Assim que você sintonizar-se consigo mesmo, os outros verão as suas verdadeiras qualidades. A Lua Nova em Touro é útil para você iniciar projetos que possam ser executados rapidamente. Se tiver tempo, e se gosta de cozinhar, tente receitas novas ou faça algum doce. Dedique-se a várias atividades físicas diferentes – a energia fogosa tem de ser gasta de alguma maneira.

Maio

Apenas os dias 15 e 16 são negativos de fato este mês. Mas você saberá lidar diplomaticamente com eles. A Lua Cheia em Escorpião no dia 4 é acompanhada por um eclipse lunar. Isso indica algum tipo de perda, morte (não necessariamente física) e tentativas de assassinato. Saturno também lança a sua sombra nessa fase difícil de aprendizado. No nível pessoal, essa Lua afetará as suas emoções: enquanto você aceitar as mudanças de bom grado, a Lua estimulará os seus desejos sexuais. Às vezes eles são mais intensos do que você gostaria, mas se for receptivo, você redescobrirá a sua sensualidade. Você viverá momentos de puro prazer. A Lua Nova em Gêmeos no dia 19 lhe dará a força para você realizar tudo o que desejar. O amor é uma prioridade, mas você sentirá que está indo mais devagar por causa da natureza mutável desta Lua. Você será suficientemente teimoso para exigir o direito de escolha e para não invocar esse direito antes de estar pronto. Este período é muito proveitoso no terreno material. Relaxe e divirta-se um pouco.

Junho

A sua saúde pode inspirar alguns cuidados, mas se você beber bastante líquidos e fizer uma alimentação natural, logo se recuperará. A Lua Cheia em Sagitário no dia 3 favorece a criação de um espaço para amizades calorosas e uma interação brincalhona e lúdica. Convém você deixar as suas energias fluírem na direção que quiserem. Você não está muito emotivo, o que é bom. Mas o problema é respeitar os limites dentro de um relacionamento. Se cruzar esses limites agora, você terá uma maravilhosa sensação de liberdade, mas depois a sensação será de culpa. A Lua Nova em Câncer no dia 17 é ainda mais dispersiva que a Lua em Libra. A sua capacidade de comunicação não será tão afiada como o fio de uma navalha. Você gosta de falar mas essa Lua não intensifica esse desejo. Esperamos que Câncer, um signo altamente maternal, impeça os outros de rotularem você como o protetor do ano. É que o seu jeitão de ajudar uma pessoa depois da outra pode dar aos outros essa impressão. Como os seus encantos são favorecidos por essa Lua, os outros ouvirão o que você tem a dizer, especialmente os membros do sexo oposto.

Julho

Antes de aceitar alguma proposta de trabalho ou oferta de emprego você deve analisar bem os fatos. Caso contrário, poderá acabar num beco sem saída. A Lua Cheia em Capricórnio no dia 2 e a quadratura com Saturno no dia 9 dificultam um pouco as coisas. Essa Lua terrosa focalizará a sua energia na segurança. Não se trata da segurança da sua casa e das suas posses, mas da paz interior que provém de um lar sadio e de um estilo de vida compatível. A Lua em Capricórnio é prática e você lutará pelas suas conquistas. O objetivo dessas conquistas pode ser variado, mas em geral provém da mesma raiz: segurança e estabilidade emocional. A Lua Nova em Leão no dia 17 é um período muito compensador, pois emoções facilmente acessíveis abrem novas possibilidades de você ligar-se aos outros; seus relacionamentos serão mais íntimos. A Lua Cheia em Aquário no dia 31 encerra o mês trazendo dificuldades para os relacionamentos: é muito mais difícil assumir compromissos e ficar realmente envolvido com alguém.

Agosto

Não inicie nada novo até a Lua Nova em Leão no dia 15. À medida que então assume a liderança na sua vida, é provável que obtenha o reconhecimento público. A sua capacidade de tomar decisões será aumentada à medida que você atende as suas necessidades emocionais, abrindo um lugar para fazer brilhar a nobreza do Leão. A segurança emocional se deverá ao fato de você aceitar o reflexo do seu eu interior como ele realmente é, e não como você o projeta. Essa Lua de Fogo seca as lágrimas e aquece o coração. A Lua Cheia em Peixes no dia 29 opõe-se ao Sol em Virgem, a Lua está em conjunção com Urano e o Sol em conjunção com Marte. Temos certa dificuldade para definir o que tudo isso faz com a Lua em Peixes, que por si já é difícil de definir. Os devaneios afetam as suas emoções, mas você também será abençoado por algumas idéias inovadoras.

Setembro

A maioria das pessoas concordará que é uma boa idéia analisar todos os fatos ao fazer uma escolha bem informada, mas você não deve levar isso a extremos, pois é um hábito muito irritante. A Lua Nova em Virgem no dia 14, mais o Sol no mesmo signo, deixam bem claro que você tem paixão por fazer bem as coisas e com economia; mas essa Lua também está em conjunção com Marte que fornece o impulso para a ação. Então aproveite para plantar as sementes! Relaxe, deite-se na grama e fique "analisando" as nuvens. A Lua Cheia em Áries, no dia 28, acrescentará intensidade às experiências emocionais. O problema será esperar as coisas acontecerem, o outro lado de Áries é a impaciência. Você quer que os outros entendam imediatamente os seus pontos de vista, mas a comunicação é muito volátil e isso deixa você zangado. Mas você se divertirá também, desde que não tenha que esperar!

Outubro

Quando a vida é harmoniosa, a Lua em Libra sente-se bem. A Lua Nova em Libra no dia 13 deixa você confortável, o que nem sempre é bom. Você sente-se à vontade porque reconhece a si mesmo, mas talvez não fique feliz com o que vê no espelho. A sua concentração não anda boa, e você como que se perde ao agir sob a influência desta Lua. É como fazer uma ligação telefônica e esquecer-se de quem chamou quando atenderem. A Lua Cheia em Touro no dia 28 tem a fama de ser preguiçosa. Então não convém ficar tenso, a ordem é relaxar, de preferência a dois. A sua natureza amorosa é mais intensa, mas isso não quer dizer que você saltará de um penhasco por amor!

Novembro

Até a Lua Nova em Escorpião no dia 12, você estará envolvido com o grupo de amigos. Depois disso terá de lidar consigo mesmo. As influências desta Lua são simples: emoções intensas com ênfase no mundo físico. Esta Lua é mais do que influência sexual. Embora todas as emoções fiquem envolvidas, a ênfase recai nos desejos carnais.

A Lua Cheia em Gêmeos no dia 26 convida você a eliminar maus hábitos. Examine a sua agenda social, freqüente festas e divirta-se um pouco. Que tal uma viagem em grupo?

Dezembro

Chegou o mês de comprar presentes e trocar cartões com as pessoas de quem você gosta. O ano parece ter passado voando e você não cumpriu todos os propósitos feitos no Ano Novo passado. Quem sabe se sairá melhor em 2005? A Lua Nova em Sagitário no dia 11 é boa para fazer preparativos para as festas. Confie em que tudo dará certo. Planeje também as férias (principalmente se tiver filhos). Simplesmente saia de casa, sem muitos planos. As coisas tomarão o rumo que quiserem, seja como for. Leve muita alegria na mala, mas não se esqueça dos analgésicos, por via das dúvidas. A Lua Cheia em Câncer no dia 26 sugere que as férias sejam à beira-mar.

LUA EM ESCORPIÃO

Quem tem a Lua neste signo tem emoções e desejos intensos, é impaciente, temperamental e às vezes ciumento e vingativo. Existe certa tendência de fazer julgamentos apressados. Você não admite que ninguém interfira nos seus objetivos. É brusco e impulsivo, mas, ao mesmo tempo, muito empreendedor. Se for autoconfiante, chegará ao sucesso. É muito orgulhoso e possessivo, a vontade de dominar reflete-se nos relacionamentos. A sua personalidade é profunda e a capacidade de observação, ilimitada. Aprenda a lidar com os seus sentimentos profundos; a sua maior necessidade é aprender a perdoar e a esquecer.

UM VISLUMBRE DO ANO DE 2004 PARA A LUA EM ESCORPIÃO

Escorpião é regido por dois deuses planetários: Plutão, o senhor do inferno, e Marte, o senhor da guerra. É um signo feminino com grande ligação com a Lua e as emoções. A influência de Plutão oculta as emoções. Marte sempre está preparado para a batalha. Combinados, estes dois regentes tornam você misterioso e profundo. Se a sua Lua estiver entre 0 e 9 graus de Escorpião, você é muito intuitivo e as suas emoções são profundas. Você pode dominar os outros com facilidade, mas prefere retirar-se ao seu mundo interior. Se a sua Lua estiver entre 10 e 19 graus de Escorpião, "paixão" é a palavra que melhor descreve você. Você é apaixonado por todos os aspectos da sua vida. A sua memória é fenomenal. Mas a incapacidade de esquecer não é uma bênção. Se a sua Lua estiver entre 20 e 29 graus de Escorpião, você é incrivelmente intuitivo. Com um pouco de esforço, você pode confiar nos seus instintos de modo a nunca ser enganado. Os outros não poderão esconder nada de você. Uma memória fotográfica é outra característica maravilhosa.

Janeiro

A Lua Cheia em Câncer no dia 7 é muito temperamental. Você gosta desta energia romântica, mas não está acostumado ao mau humor que, por certo, é muito desconfortável. Nesta Lua você está muito sensível às necessidades das outras pessoas, que terão mais facilidade de ferir os seus sentimentos. Você reagirá imediatamente, quer positiva quer negativamente. A Lua em Câncer afeta você a ponto de você tentar descobrir e desenvolver um método para a própria "cura". A Lua Nova em Aquário provoca uma série de circunstâncias desconhecidas. É do tipo de Lua que faz você pensar que não tem emoções e que não precisa delas. É uma Lua imprevisível e inconsistente. Há tendência à depressão durante essa Lua. Ela incrementa as habilidades comunicativas, mas você deve tomar cuidado para não parecer insensível. Se a sua abordagem aos outros for flexível, tudo acabará dando certo.

Fevereiro

O mês inicia meio lento, mas logo a Lua Cheia em Leão no dia 6 mudará essas circunstâncias, pois trata-se de uma Lua benéfica. Ela encoraja o poder, a força de vontade e o orgulho. O seu charme passa a saltar aos olhos. Você exibe os mesmos traços básicos de uma pessoa com uma Lua natal em Leão, mas esses traços são do seu eu interior e não do exterior. Você dispõe de um bocado de força emocional. Você está cheio de vida e ama profundamente. Use a sua força de vontade, energia vital, sensibilidade e encanto para recompensar-se pelo trabalho bem-feito. A Lua Nova em Peixes no dia 20 traz muito idealismo às emoções e relacionamentos. Tudo tem de ser perfeito: suas emoções, o relacionamento, o encontro romântico, o amante... Enfim, esta Lua é maravilhosa se você estiver no local certo com a pessoa certa.

Março

Você inicia o mês muito satisfeito com o trabalho voluntário que está fazendo para entidades assistenciais e grupos de jovens. De certa forma, sente-se mais jovem também. A Lua Cheia em Virgem no dia 6 leva você a completar toda atividade detalhada. Essa Lua inspira a análise de todas as coisas, inclusive das suas próprias emoções. Então, olhe profundamente para si mesmo. Qual o rumo que quer dar à sua vida? Quais são os seus objetivos a longo prazo? O que impede você de concretizá-los? O que você quer ser quando crescer e por que isto está demorando tanto? A Lua Nova em Áries no dia 20 lhe dá a necessária motivação para você pôr-se a caminho. Trata-se de assumir o controle e de realizar. Você não pode ficar esperando sentado, tem de fazer alguma coisa. Cuidado para que um desacordo não se transforme em raiva. Use a intuição para descobrir a verdade da situação.

Abril

Você já fez auto-análise, já embelezou a sua casa, já melhorou a sua aparência neste início do ano; e agora o quê? A Lua Cheia em Libra no dia 5 influenciará você suavemente, com um toque carinhoso. Ela não tem força para combater a sua teimosia ou força interior. A Lua em Libra deixa você inseguro quanto ao seu estado emocional. A Lua Nova em Touro é o contrário, adicionando impulso e motivação à sua vida. Você se porá em movimento. Depois de passar umas duas semanas concentrando-se no encerramento de algo, aproveite a oportunidade para chorar pelo que morreu e para recuperar-se da perda. Olhe para dentro e veja o que aconteceu e como você lidou com a situação.

Maio

Maio começa com uma Lua Cheia em Escorpião no dia 4. Uma personalidade com a Lua em Escorpião, num trânsito lunar em Escorpião, pode ser comparada com uma pessoa que tira os óculos de sol para olhar diretamente para o Sol. O seu eu interior, habitualmente intenso, ficará mais intenso ainda! Você vai exigir muito das outras pessoas e espera que elas o atendam. Confie em sua intuição e tente curar os efeitos negativos desta Lua. A Lua Nova em Gêmeos, no dia 19, poderá drenar a sua energia. Talvez você precise de uma pausa enrodilhado no sofá, com um bom livro nas mãos e um chá bem quentinho. Essa Lua pode ser muito sensual, basta que você esteja em bons termos com o seu parceiro. Talvez as outras pessoas achem você fraco ou esgotado durante esse trânsito lunar, mas na verdade você se sente interiormente feliz. Continue sendo autêntico, você não tem nada a perder.

Junho

A Lua Cheia em Sagitário no dia 3 está envolvida com aspectos feitos com Urano e Júpiter. A situação fica bastante tensa, porque a energia flutua entre os planetas envolvidos. Procure um equilíbrio na sua vida pessoal. Você tem necessidade inata de liberdade e não quer vínculos emocionais na sua vida. Os relacionamentos representam um papel importante, mas você também precisa sentir-se independente. Convém você equacionar isso. Alguns dias tomando sol farão você recuperar a energia e o contentamento. Quem tem a Lua em Escorpião precisa de um tempo a sós para recarregar sua energia. Mas não abandone as suas responsabilidades e compromissos. Não é preciso fugir dos deveres, porque o que você realmente deseja é a liberdade emocional. A Lua Nova em Câncer no dia 17 é um bom período para você treinar a sua concentração. O problema é que você está mentalmente dispersivo e não confia nos seus instintos. Siga a sua intuição sintonizada com a verdade, isso ajuda você a alinhar as suas reações muito emocionais com os seus desejos.

Julho

O mês começa com uma Lua Cheia em Capricórnio, regido por Saturno, que no dia 8 faz conjunção com o Sol. Como você sabe, Saturno é o feitor que faz com que você nunca se esqueça das lições que lhe dá. Portanto, prepare-se para algumas dificuldades. Mas como você é corajoso, disposto, e como quer alcançar seus objetivos, não se deixará impressionar por essa Lua. Apenas a intensidade com que costuma encarar os fatos está um pouco diminuída. Aproveite para desligar-se de coisas que não tem mais sentido em sua vida. A Lua Nova em Leão no dia 17 costuma trazer assuntos ocultos à luz. Todos sabemos que há muito mais coisas acontecendo por trás dos bastidores, tanto no nível pessoal como no nível público. Vamos ver o que acontece? Você sofrerá, como quase todas as pessoas, de oscilações de humor, que variam de intensidade conforme os dias vão passando. Isso continua assim até a Lua Cheia do dia 31, em Aquário, quando as coisas também parecem não funcionar muito bem. Não se apegue tanto à rotina e conte com alguns desvios ou retrocessos nos seus projetos. Volte a sua atenção para as outras áreas da sua vida. Mas não se esqueça de que a energia lunar deve ser compatível com a tarefa em mãos.

Agosto

A Lua Cheia no final do mês passado ainda exerce a sua influência até a Lua Nova em Leão, no dia 15, que traz resultados muito interessantes para a sua vida. É claro que é possível realizar tarefas que não estejam em sincronicidade com as fases da Lua, mas elas serão mais bem executadas de acordo com a energia lunar do que em conflito com ela. Não se esqueça disso, pois durante esta fase você estará muito obstinado, querendo impor a sua vontade de qualquer maneira. A Lua Cheia em Peixes no dia 29 traz tanto idealismo consigo que fica difícil definir as suas realizações. Aproveite o tempo para a sua recuperação psíquica, física e mental. É tempo para fazer uma boa limpeza nos seus armários. Livre-se do obsoleto. Perca-se num romance.

Setembro

Enquanto a Lua muda de clara para escura, o seu efeito sobre a natureza também se altera, a força crescente, progressiva, torna-se uma força em declínio, uma força que se retira. Se você quer livrar-se de um mau hábito, comece o processo numa Lua Cheia e vá em frente até chegar a Lua Nova. Faça exercícios e uma dieta no início deste mês. Lua Nova em Virgem no dia 14: você talvez se sinta um pouco preguiçoso, mas isso não o impedirá de fazer uma análise mais acurada de si mesmo. Qual a melhor direção a seguir daí em diante? O que está impedindo você de atingir os seus objetivos? Se não estiver satisfeito com o seu trabalho, e quiser dedicar-se a uma área totalmente diferente, planeje a transição durante esta Lua e faça escolhas realistas para o futuro. A Lua Cheia em Áries no dia 28 está em oposição com o Sol em Libra que recebe uma maior ênfase neste momento porque é acompanhado por Marte, Júpiter e Mercúrio. O período é bom para negociações, inclusive as feitas por trás dos bastidores. Você está agora sob uma influência lunar que exige que você assuma o comando e faça o que tem de fazer. Dê passos gigantescos rumo aos seus objetivos.

Outubro

O mês começa com alguns dias desfavoráveis, mas isso não quer dizer que todos serão assim. A Lua Nova em Libra no dia 13 restaura o equilíbrio, embora de início você não perceba essa energia lunar compensadora. Trata-se de uma Lua muito protetora e amorosa, tornando você mais sensível ao que se passa ao seu redor e com as outras pessoas. Você inclusive chega a ficar com medo de ferir os sentimentos alheios, mas a sua intuição o ajuda a determinar a diferença entre esse seu medo e a realidade de ofendê-las. O seu medo é um reflexo do seu próprio senso de insegurança. A Lua Cheia em Touro no dia 28 faz as pessoas parecerem mais emburradas do que de costume. Mas não permita que essa Lua de Terra enterre você e os seus anseios. Embora os outros não sejam muito delicados com você, ou pareçam distantes, isso não se deve a uma falha sua, mas aos problemas que eles têm com essa Lua, que não é favorável ou desfavorável para todos os signos de igual maneira. Não ligue para as restrições prováveis, elas logo desaparecerão.

Novembro

A Lua começa a minguar no dia 5, o que é favorável para um grande número de atividades como iniciar ou continuar um regime de emagrecimento, limpar a casa, cortar a grama do jardim, escrever cartas aos amigos, vender um carro, uma casa ou objetos de valor, reduzir o *stress* e largar o vício de fumar ou beber. Quando rompemos um mau hábito, nós o matamos. Como fica um vazio, convém substituir logo o mau hábito por um melhor. A Lua Nova em Escorpião no dia 12 tornará você um pouco intransigente, esperando demais das outras pessoas. A sua sensibilidade aflorará num namoro incipiente, pois entrará em jogo a sua grande sensualidade. Mas se você estiver com ciúme do seu parceiro é porque está sentindo os efeitos negativos desta Lua. É possível que seja adorado pelo parceiro, só que não da maneira que queria. A Lua Cheia em Gêmeos no dia 26 faz você agir descontroladamente. A natureza aérea desta Lua afetará a sua percepção das informações que você recebe da sua intuição. Quando as mensagens cósmicas ficam confusas, você tem mais dificuldade para enxergar o caminho e menos liberdade para dar vazão às suas emoções.

Dezembro

O mês final do ano não traz nada fora da rotina em seu início. É claro que você terá de ajustar-se ao clima festivo geral, afinal o Natal acontece uma vez só por ano. Isso leva você a pensar em suas convicções religiosas, nos seus desejos mais profundos e nos propósitos para o próximo ano. A Lua Nova em Sagitário no dia 11 torna os relacionamentos muito importantes para a sua vida. Você gostaria de planejar suas férias de fim de ano de modo a deixar todos os envolvidos contentes. Que tal optar por uma praia? Alguns dias à beira-mar só lhe farão bem. Mas não abandone todos os seus compromissos a favor de um descanso. Encarregue alguém de cumpri-los para você, caso sinta que não dará conta deles. A Lua Cheia em Câncer no dia 26 alimentará a sua energia romântica. As emoções irão variar de intensidade, mas na maioria das vezes estarão do lado positivo da escala. Tente manter a calma e observe as suas reações, pois isso será um grande aprendizado.

☆

Uma pérola não tem valor algum até alguém se arriscar a trazê-la à tona. Você algum dia já se arriscou por suas pérolas?

– Moryan

LUA EM SAGITÁRIO

Você desconhece as diferenças reais que existem entre as pessoas. Reage a elas como se fossem parte de você: existe essa tendência de fundir-se com os outros. Você é muito amistoso, tem um agudo senso profético e é inspirador. Não tem muita persistência e vive à procura de algo. Tem impressões sensoriais muito claras, o que possibilita um julgamento perspicaz. Contudo, aprenda a pensar antes de falar. Você tem tendências fortes para o ocultismo; é um professor nato com talento para a filosofia, a religião e a música. Pode vir a casar-se tarde e a ficar calvo cedo. Não seja brusco demais com as outras pessoas, pois elas têm direito à própria opinião.

UM VISLUMBRE DO ANO DE 2004 PARA A LUA EM SAGITÁRIO

O regente de Sagitário, Júpiter, é o pai celestial da civilização romana. Na astrologia, ele é associado ao mundo material e à sorte. É um signo masculino com os atributos do elemento Fogo.

Isso torna você um líder inspirado. Você fortalece as outras pessoas encorajando-as a encontrar o próprio caminho. Se a sua Lua estiver entre 0 e 9 graus de Sagitário, o papel mais importante é representado pela busca da sabedoria: essa busca não raro levará você para os reinos encantados da filosofia e da religião. Se a sua Lua estiver entre 10 e 19 graus de Sagitário, você é um idealista, especialmente se as suas emoções estiverem envolvidas. Ser discreto será um desafio, pois você acha difícil guardar os seus sentimentos para si mesmo. Se a sua Lua estiver entre 20 e 29 graus de Sagitário, você luta para ser independente, livre de amarras. Você também é um otimista nato. Também é um viajante contumaz, pois assim que sente os muros dos compromissos se cerrarem sobre você, imediatamente começa a fazer planos de viagem. Você dominou a habilidade de rir de si mesmo, o que lhe permite superar os fracassos.

Janeiro

Na primeira semana do ano temos uma Lua Cheia em Câncer. O seu enfoque se voltará para dentro. É muito difícil ignorar esta Lua aquática. É preciso ser honesto consigo mesmo. Mas a Lua em Câncer permite uma visão clara para você enxergar direitinho o que se passa no seu mundo interior. Se os seus negócios emocionais estiverem em ordem e você tiver lidado com eles honestamente, essa Lua pode ser muito feliz e você será capaz de transformar a sua casa num verdadeiro lar.

A Lua Nova em Aquário no dia 21 fará você questionar o seu estilo de vida despreocupado, graças a uma desilusão emocional. A sua despreocupação natal pode ser baseada na suposição de que a vida segue um curso natural, sem intervenções. Com a Lua em Aquário as suas emoções serão muito profundas e ficarão ocultas. A vida sem emoções é idealista, mas muitas vezes é vencida pela realidade.

Fevereiro

A Lua Cheia em Leão no dia 6 promete um período feliz, pois você estará muito sociável e extrovertido, apesar de estar mais interessado em si mesmo do que nos sentimentos das outras pessoas.

Como o leão é o rei da floresta, você quer ficar no comando e talvez se torne insistente demais. De repente, você pode estar dando mais ordens do que de costume. Outra característica dessa Lua é o orgulho que você exibirá em tudo o que fizer. A Lua Nova em Peixes no dia 20, ao combinar seu romantismo com a paixão da Lua em Sagitário, gera uma energia muito compatível e possivelmente perigosa. Esse período deixará lembranças inesquecíveis, pois você passará por muitos momentos românticos sob essa Lua. Por exemplo, assistir a um pôr-do-sol do terraço do seu restaurante predileto com a namorada pode ocasionar mudanças incríveis na sua vida. Prepare-se!

Março

Aproveite a fase crescente da Lua começando uma atividade que, levada até a Lua Cheia, criará o hábito de usar a energia crescente da Lua para sempre. A Lua Cheia em Virgem no dia 6 inspira você a analisar o seu trabalho nos mínimos detalhes, bem como a personalidade e a motivação dos seus colegas. Ao fazer essa análise você não só analisará as suas descobertas, mas também criticará o que vir. Crendo que o seu julgamento é correto, você formará opiniões sobre o desempenho, a aparência e os pensamentos deles, baseando-se unicamente nas suas percepções. Isso aborrecerá a maioria deles. Você acha isso correto? Na Lua Nova em Áries no dia 20 você desejará ser o primeiro da fila, o primeiro a passar pelo sinal de trânsito, o primeiro a atender o telefone. Você se irritará com as pessoas cujo ponto de vista é diferente do seu. Mas essa Lua também pode ser produtiva. Você se sairá bem trabalhando sozinho. A sua impaciência com os outros só acarretará prejuízos. Inicie os projetos que abandonou há algum tempo, abordando-os de nova maneira. O que antes lhe pareceu arriscado, agora trará um bocado de diversão!

Abril

Aproveite a fase crescente no início do mês, pois a transformação da Lua de uma fatia prateada para uma bola brilhante nos lembra do nosso próprio crescimento e desejo de melhorar. Que tal freqüentar uma academia de ginástica, pintar a casa, consertar o carro ou dar uma festa? Talvez você prefira ler um bom livro, escolher um animal de estimação ou convidar alguém para um primeiro encontro. A Lua Cheia em Libra no dia 5 aumentará as suas habilidades sociais. Essa Lua aérea reduzirá sua disposição para iniciar impulsivamente as coisas. Você não quer que nada interfira na harmonia da sua existência tranqüila. Um romance durante essa Lua é promissor, pois a sua natureza apaixonada se dará bem com o romantismo de Libra. A Lua Nova em Touro no dia 19 inicia um novo ciclo. Mas a sua tendência às discussões aumenta bastante e será necessário um bom controle para você não "meter os pés pelas mãos".

Conforme o grau da sua Lua, você permitirá mais ou menos liberdade a si mesmo. Mas o momento é para agir e não para ficar remoendo o que fez errado no passado.

Maio

O mês praticamente começa com a Lua Cheia em Escorpião no dia 4. Essa Lua em Escorpião acrescentará intensidade à sua personalidade. Você só pensará no romance, mas você quer que ele seja como planejou. O outro terá de ser flexível, amoroso e terá de realizar todos os seus desejos. E você será muito intolerante se por sua vez ele demonstrar que também tem suas necessidades. Mas você usará o seu charme e carisma para obter o que quer. A Lua Nova em Gêmeos no dia 19 tornará a sua atitude mais avoada e você terá mais dificuldade para lidar com os assuntos materiais. Mas o seu nível de energia pode ficar bastante reduzido, se você iniciar tarefas novas. Prefira as que já estão em andamento. O seu lar será de suma importância durante esta Lua. Ele é o seu santuário, o lugar em que pode se abrigar do mundo exterior. Portanto, fique mais em casa, jogue cartas, ouça música ou cozinhe uma deliciosa refeição para a família!

Junho

A Lua Cheia em Sagitário no dia 3 continua dando ênfase ao plano doméstico. Um lar aquecido sempre é um lugar confortável para ficar. Você vive o seu perfil lunar quando a Lua transita por Sagitário. Os outros freqüentam a sua casa por causa do seu bom humor e do seu interesse autêntico por eles. A sua sociabilidade atinge o auge durante essa Lua. Portanto, aproveite a companhia dos amigos. Cuidado para não ultrapassar os seus limites devido à sua sede por novas experiências e conhecimentos. A Lua Nova em Câncer no dia 17 deixará que você mostre toda a sua vulnerabilidade. Você manterá a sua imagem interior oculta, enquanto se envolve com a alma dos outros. A Lua em Câncer é maternal, ao passo que a Lua em Sagitário é romântica. Você ficará entediado, a não ser que alguma atividade estimule a sua alma ou as suas faculdades sensuais.

Julho

O mês começa com uma Lua Cheia em Capricórnio no dia 2. Essa é a Lua mais segura de todo o zodíaco. O principal objetivo é encontrar segurança tanto no plano material quanto no financeiro. A segurança emocional ou a falta dela será um subproduto do seu relacionamento com o mundo material. Se você estiver satisfeito com o estado das suas finanças, essa Lua lhe oferecerá uma segurança extraordinária. Por outro lado, se estiver descontente, você se sentirá inseguro quanto ao seu mundo emocional. Concentre-se nos seus investimentos. A Lua Nova em Leão no dia 17 elimina todas as razões apresentadas pelo ego que você costuma usar para esconder-se da verdade. Mas a verdade crua é tudo o que lhe restará, se andou sendo desonesto consigo mesmo: e a verdade pode doer. Durante este trânsito você não pode tirar os olhos do seu eu interior. A natureza fogosa dessa Lua fará você enxergar os seus verdadeiros medos, fazendo você sentir-se encurralado. Não há saída para essa prisão emocional. O segredo é não deixar que os seus medos o impeçam de seguir adiante, está bem? A Lua Cheia em Aquário no dia 31 encerra o mês solapando a sua capacidade de ser franco com as outras pessoas, caso você suprima suas emoções. A acessabilidade emocional permite que você entre em contato com as outras pessoas. Não esconda suas emoções por trás de palavras vazias.

Agosto

Aproveite o período antes da Lua Nova para ajustar-se ao término de algum negócio, romance ou trabalho. O que acabou é como se estivesse morto, portanto lembre-se disso. A Lua Nova em Leão no dia 15 coloca os fatos em nova perspectiva e você se sente bem. Um senso de aventura fará você mergulhar de cabeça numa aventura e, não sofrendo a limitação do medo, vá em frente. O período poderá ser muito bom, especialmente se for compartilhado por uma pessoa com quem você mantém um contato íntimo. Em casa, não seja demasiado dominador e tudo dará certo. A Lua Cheia em Peixes, no dia 29, favorecerá as viagens. Se não puder viajar no momento, dê asas à imaginação. Você sempre poderá fazer viagens interiores soberbas e aproveitar para entrar em contato com a sua sábia voz interior.

Setembro

Aumente a sua paz de espírito participando de alguma atividade em grupo ligada à vida espiritual ou esportiva. Embelezar a casa também trará momentos de alegria. Se tiver espaço para isso, que tal fazer um pequeno ritual de agradecimento, prosperidade ou para aumentar o clima romântico? A Lua Nova em Virgem no dia 14 levará você a perder alguns amigos, devido ao seu criticismo exagerado. Que tal usá-lo também para ver melhor os próprios defeitos? Você fala demais, quer ser o dono da verdade e fica muito contrariado quando alguém duvida de algo que você diz e que não pode provar. A Lua Cheia em Áries no dia 28 torna você emocionalmente agressivo. O seu entusiasmo pela vida é autêntico, o humor irregular. Você se inflama rapidamente, mas logo esquece o motivo da sua zanga. Neste mês a tendência é para dores de cabeça e nervosismo. Você sente com o seu ego, e isso torna você bastante impessoal na lida com as outras pessoas. É pena que você não ouça conselhos, então nem vou perder tempo tentando.

Outubro

Você gosta das pessoas, por quem nutre um sentimento charmoso, natural e impessoal. O seu bem-estar emocional depende da aprovação dos outros e isso torna a sua conduta diplomática e gentil. Mas você não consegue esconder um arzinho de superioridade. Você costuma viver o momento presente, com seus altos e baixos. A Lua Nova em Libra no dia 13 amplia os seus dotes sociais. As pessoas à sua volta o influenciam, e a sua vida amorosa depende do quanto você é apreciado. A sua cordialidade é enganadora, pois ela oculta uma grande força. Provavelmente os seus pais lhe deram uma educação refinada, que renderá seus frutos até o final da sua vida. A Lua Cheia em Touro no dia 28 fará as suas emoções se voltarem para o conforto e as posses materiais. Você quer ter o melhor de tudo e não aceita menos. O seu tato e paladar estarão muito desenvolvidos nesta Lua. Você só levará em conta idéias que sejam compatíveis com o seu temperamento. Os seus relacionamentos de amizade e amor passarão por uma fase de fidelidade absoluta. O mesmo acontecerá com o seu casamento.

Novembro

No dia 12 a Lua Nova será no signo de Escorpião. Para uma Lua em Sagitário será como derramar água fria sobre uma chama. Qualquer interferência nos seus objetivos levará você à loucura. Você é cheio de recursos, mas muito brusco e impulsivo, desconfiado e, de certo modo, ingênuo, portanto será facilmente enganado nos negócios.

Muitas aventuras sexuais podem ocorrer durante esta Lua. Afinal, as emoções de Escorpião se baseiam nos desejos e Sagitário é atingido por esse raio. A Lua Cheia em Gêmeos no dia 26 faz você pensar se não valeria a pena ajudar alguém. Ora, passe das idéias à ação, tem muita gente carente no mundo. Essa não é uma Lua para ser levada muito a sério, portanto divirta-se. Talvez você faça muitas coisas de uma vez só, tal como os geminianos. Mas não se esqueça de que, diferentemente da mente de Gêmeos, a sua não gosta de confusão e rejeita qualquer coisa que seja irrelevante em relação ao que está em questão.

Dezembro

O último mês do ano é um período de muitas festas para quem tem a Lua em Sagitário. Sua tendência para o psíquico e o oculto é muito forte, portanto os outros podem esperar que você os convide para reuniões destinadas a discutir assuntos de fé. Contudo, aprenda a pensar antes de falar, pois nem todos são espirituosos como você. A Lua Nova em Sagitário no dia 11 indica romance, liberdade, risos, aventuras e viagens. Você será bastante feliz se continuar sendo autêntico. *Carpe diem.* A Lua Cheia em Câncer no dia 26, depois do Natal, fará você recolher-se em si mesmo. Viva belos momentos de ternura no lar, afaste-se da agitação nem que seja até a véspera do Ano Novo. Faça uma visita retrospectiva ao que aconteceu durante o ano e planeje um próximo ano muito melhor.

LUA EM CAPRICÓRNIO

Você sente que é poderoso e importante e gostaria que todos o vissem assim. É sensível demais e, no entanto, vive criticando os outros. É um trabalhador incansável e aparenta reserva e frieza. Mas isso se deve à sua timidez e insegurança pessoal. A sua Lua não permite arroubos sentimentais e lhe confere uma grande dignidade pessoal. Há tendência mórbida à melancolia e à meditação. Se você dominar os seus temores subconscientes, poderá vir a alcançar a fama e a popularidade. Bem aspectada, essa Lua favorece a liderança e a capacidade administrativa. Quer mereça quer não, você faz inimigos com facilidade. Você gasta o seu dinheiro com cautela, pois é muito sensato. Procure cultivar o calor humano e a ternura.

UM VISLUMBRE DO ANO DE 2004 PARA A LUA EM CAPRICÓRNIO

O signo de Capricórnio é feminino, do elemento Terra, regido por Saturno, e a sua palavra-chave é "senso prático". Essa praticidade aplica-se tanto ao mundo emocional quanto ao mundo físico. Você se sente bem quando a vida repousa sobre estruturas firmes; você trabalha melhor com diretrizes e objetivos estabelecidos anteriormente. Se a sua Lua estiver entre 0 e 9 graus de Capricórnio, um senso de ordem é imprescindível para a sua vida, a sua autoconfiança e a sua segurança. Você pode fazer quase tudo quando as coisas estão bem organizadas. Mas as suas emoções não gostam de tanta organização. Se a sua Lua estiver entre 10 e 19 graus de Capricórnio, o único modo de você manter as suas emoções em ordem é ocultar o seu eu interior das outras pessoas, inclusive de você mesmo. Infelizmente, muitas vezes o resultado é a insegurança. Se a sua Lua estiver entre 20 e 29 graus de Capricórnio, a sua Lua pode influenciá-lo no sentido de reprimir as suas emoções em vez de mostrar ao mundo o seu verdadeiro eu. Mas isso fará os outros acharem você frio e insensível, tornando difícil uma sintonização com eles.

Janeiro

Você começa o ano criticando as pessoas que exibem as emoções e compartilham os seus sentimentos. Mas isso não passa de uma estratégia para ocultar o seu medo de envolvimentos. A Lua Cheia em Câncer no dia 7 faz você espiar o seu eu interior a fim de reconhecer quais necessidades emocionais estão sendo atendidas e quais são aquelas que você combate. Isso parece simples, mas você não percebe que está usando vendas nos olhos. A Lua em Câncer deixa você ver as dificuldades que você traz aos relacionamentos, retirando essas vendas. A Lua Nova em Aquário no dia 21 afeta as suas respostas emocionais de maneira imprevisível. Haverá momentos em que tudo parecerá bem, mas às vezes você ficará decepcionado porque as suas expectativas são irrealistas. Você tem muita dificuldade para se concentrar.

Fevereiro

Tente diminuir o seu fardo, não leve a vida tão a sério. A Lua Cheia em Leão no dia 6 fará você se preocupar com o modo como os outros o vêem. Você quer ser visto como uma alma protetora, cuidadosa e amorosa. O medo de ser julgado negativamente, muitas vezes diminui a sua espontaneidade. Nesta Lua você busca reconhecimento em vez de intimidade. A Lua em Leão quer que você exiba dramaticamente as suas emoções. E isso deixa você zangado. A Lua Nova em Peixes no dia 20 indica que é tempo de repensar, replanejar e reorganizar tudo. Depois de pensar bastante nos seus sucessos anteriores, você deve desenvolver novas estruturas e estratégias. O período também favorece a introspecção.

Março

Até o dia 5 convém você diminuir o seu ritmo, principalmente se sentir que está perdendo o controle. A Lua Cheia do dia 6 em Virgem faz você preocupar-se com os detalhes da vida. Lide particularmente com algum que esteja impedindo o seu progresso, especialmente nas atividades que o interessam. Descrever como você se sente quando os outros não ligam para as minúcias como você é muito difícil. Você acha que se fizer todo o trabalho sozinho, isso fará os outros sentirem-se mal. Mas esse é um ledo engano, como você já teve a oportunidade de comprovar. A Lua Nova em Áries no dia 20 faz você descobrir uma rachadura na sua armadura que lhe permitirá liberar aqueles desejos que vem reprimindo há tanto tempo. O calor dessa Lua se espalhará por todas as áreas da sua vida. O período é muito produtivo. Cuidado com as explosões temperamentais.

Abril

Abril começa com uma Lua Cheia em Libra no dia 5. As suas emoções não são um livro aberto, mas existe a possibilidade real de você examinar o seu eu interior. As energias lunares librianas o ajudarão a ser menos reticente. O acesso ao *self* será menos difícil neste mês. A Lua em Libra pode ser um momento favorável para lidar com um relacionamento, especialmente o romântico. Quando o charme trabalha a seu favor, é difícil alguém lhe dizer "não"! A Lua Nova em Touro no dia 19 fará você trabalhar muito e ser muito prático e o período torna-se muito produtivo. Você terá vontade de iniciar novos projetos, de assumir riscos, de romper os vínculos da segurança financeira e emocional sob essa Lua.

Maio

A Lua Cheia em Escorpião no dia 4 dita a principal tônica do mês. Os seus poderes psíquicos e a sua intuição serão mais intensos. Use bem essa força, para sua melhor vantagem. Isso requer que você se abra aos instintos e sentimentos. Mas você acha essa sua natureza psíquica um pouco estranha. A sua capacidade de ver o que está oculto também servirá para analisar o seu eu interior. O teste consiste em confiar nos seus sentimentos. A Lua Nova em Gêmeos complementa as suas qualidades intelectuais. A sua vida se enche de segurança e estabilidade. A versatilidade impera nesta Lua. O seu impulso de fazer as coisas aumenta, mas a velocidade inicial com que aborda novos projetos é reduzida. Você será mais produtivo completando projetos; dará a impressão de "um elefante solto numa loja de porcelanas" se tentar iniciar um projeto novo, porque poderá ficar frustrado com os detalhes e com as outras pessoas envolvidas.

Junho

A Lua Cheia em Sagitário no dia 3 torna o início do mês excitante e alegre. Se algo não for excitante ou divertido não valerá a pena fazê-lo. Uma única maneira de estragar toda essa diversão é você concentrar-se nas suas finanças. Se você ficar preocupado com o dinheiro, por certo irá negar-se certos prazeres. Se você abandonar a sua zona de conforto, acabará se negando os prazeres que a vida tem a oferecer. A Lua Nova em Câncer no dia 17 faz você se sentir como se a sua personalidade tivesse sido dividida em dois. A sua personalidade básica é consistente e estável, mas durante esta Lua você será facilmente persuadido a mudar de planos. Mas durante a Lua em Câncer, a sua capacidade anímica estará no auge. Aproveite a oportunidade e resolva as situações perturbadoras na sua vida.

Julho

A Lua Cheia do dia 2 é em Capricórnio. Além disso, o regente de Capricórnio fará uma conjunção com o Sol no dia 8. Você vai encontrar mais dificuldade para resolver os seus problemas. No entanto, os traços emocionais essenciais do seu perfil lunar estarão mais em evidência e isso melhora o seu estado de ânimo. Mas essa também é a energia de um *workaholic* [um trabalhador compulsivo]. Evite concentrar-se unicamente no trabalho. Uma pausa para a recreação é importante, inclusive para a saúde. A Lua Nova em Leão no dia 17 inicia um processo bastante assustador de eliminar a fachada atrás da qual você orgulhosamente esconde a sua verdadeira face. No entanto, esse processo é também gratificante. Aproveite a oportunidade para expandir os seus horizontes. A Lua Cheia em Aquário, que praticamente encerra o mês, oferece uma excelente oportunidade para encerrar também alguns projetos pendentes. A Lua em Aquário fará vir à tona as suas tendências idealistas. Se os seus ideais não se realizarem, você poderá perder o equilíbrio, portanto persiga outros objetivos mais fáceis para o momento e divirta-se!

Agosto

Até o dia 14 não faça muitas inovações na sua rotina. Talvez tenha de lidar com um problema de saúde, não necessariamente a sua. Faça o melhor que puder dentro das circunstâncias. A Lua Nova em Leão no dia 15 deixará você com uma leve sensação de desconforto, caso os outros não reconheçam o seu valor. Você trabalhou duro para chegar aonde chegou, mas se ninguém valorizar o seu esforço, a sensação é de inutilidade. Você se sentirá emocionalmente dramático. Para compensar, você estará sexualmente mais magnético do que de costume e poderá fazer algumas conquistas amorosas. A Lua Cheia em Peixes no dia 29 tornará você muito suscetível às profundidades da experiência humana. Você deixará de ver as falhas dos outros e isso poderá prejudicá-lo. Também tenderá a chorar ou a ficar com pena de si mesmo pelo menor dos motivos. Cuidado para não olhar para a vida através de lentes cor-de-rosa. Você poderá ter uma tremenda desilusão na hora em que retirá-las.

Setembro

Há muita coisa para atiçar a sua religiosidade e espiritualidade. No processo de criação você poderá contar com a ajuda dos bons aspectos de Netuno e Mercúrio. Netuno favorece o seu lado espiritual e Mercúrio lhe dá mais habilidade de comunicação. A Lua Nova do dia 14 em Virgem fará você lidar com detalhes problemáticos dos seus investimentos. Emocionalmente, você ficará muito ambicioso, insistente e até mesmo petulante. Esse trânsito lunar enfatiza as suas qualidades mentais. Você não valoriza o conhecimento em si, mas o valoriza como um meio para alcançar os seus objetivos. Você não costuma fazer perguntas pessoais aos outros, a não ser que seja absolutamente necessário. Para uma mulher, esse posicionamento da Lua trará insegurança emocional. Essa também é a proverbial “Lua da caixa de remédios”, e sob sua influência as pessoas tornam-se um pouco hipocondríacas. A Lua Cheia em Áries no dia 28 marca um tempo para a ação. Não importa para onde você vai, só importa que está indo rápido. Cuidado, porque você está propenso a discussões até mesmo sem motivo. A sua criatividade está em alta e você pode realizar as coisas de uma nova maneira.

Outubro

O mês começa com poucas alterações na rotina, tudo segue quase igual ao mês que passou. Mas a Lua Nova em Libra no dia 13 faz com que você se destaque no nível pessoal. Você terá mais oportunidades para gozar da companhia das outras pessoas, pois tentará compreendê-las melhor. Você de fato se aproximará delas e será encantador. Será muito difícil as outras pessoas rejeitarem alguém tão risonho e cortês como você. A Lua Cheia em Touro no dia 28 obrigará você a dar mais atenção ao que se passa em volta e quer que você se cerque de beleza; o melhor lugar será um ponto bem abrigado na natureza, pois o quarto de um hotel barato ou o minúsculo apartamento de um amigo dificilmente convidariam ao relaxamento. Mas não se surpreenda se o seu *sex-appeal* não estiver em alta. Simplesmente abra-se ao erotismo e divirta-se. Seja direto na aproximação e não fique com vergonha.

Novembro

O fato de alguém estar tentando tirar vantagem de você o deixa tão zangado que você acaba perdendo a paciência e dizendo o que não deveria dizer. Talvez a Lua Nova em Escorpião dê um jeito na situação. Use o seu poder psíquico de modo a tirar vantagem. A Lua em Escorpião é passional. É provável que as suas reações sejam muito fortes. Mas, paixão vicia e afeta todos os aspectos da sua vida, especialmente se você estiver envolvido num relacionamento romântico. Dia 26 é Lua Cheia em Gêmeos. Você pode estar imaginando como ajudar os outros com a sua capacidade criativa. É que essa Lua elimina as restrições do seu intelecto. Você raciocina de modo mais expandido, você vê as várias opções, mesmo as que parecem ilógicas ou insensatas. A energia desta Lua mexe com a sua imaginação.

Dezembro

E o final do ano chegou outra vez. Faça um balanço para ver o que deu certo e o que não deu, pois assim não repetirá os erros no ano que vem. A Lua Nova em Sagitário no dia 11 tem muita energia, que favorece a autenticidade. O descanso e a recreação são muito apropriados para este período lunar, mas você tem de acreditar que tudo dará certo. Saturno fazendo trígono com Marte e Vênus é uma indicação de que você estará menos limitado. A Lua Cheia em Câncer no dia 26 indica que você preferirá ficar em casa durante o período de festas. O período também é próprio para você exercitar-se no jardim.

LUA EM AQUÁRIO

Quem tem a Lua em Aquário reage às coisas pela sua utilidade, mas ao mesmo tempo é um idealista. Está sempre em busca de algo, trata-se de uma verdadeira peregrinação rumo à iluminação espiritual. Você tem impulsos sensoriais fortes: mente e emoções andam juntas. Há coerência entre instintos religiosos, sexuais, humanitários e científicos. Você parece estar sempre à frente do seu tempo. É um bom amigo, conversa muito bem, mas é também um pouco excêntrico. Talvez você tenha pendor para a política, a educação ou talvez se dedique a temas fora do comum. Tem boa imaginação, energia criativa de sobra, prefere o inconvencional, valorizando acima de tudo a sua independência pessoal. Como você não entende muito bem as necessidades emocionais dos outros, pode parecer um pouco frio e distante. Você é caloroso, sem ser íntimo.

UM VISLUMBRE DO ANO DE 2004 PARA A LUA EM AQUÁRIO

Aquário é um signo aéreo masculino, regido por Urano, o planeta da inspiração e da criatividade. Você é uma pessoa amigável, mas acha difícil ficar íntimo a não ser de algumas pessoas escolhidas a dedo. Vive envolvido em atividades humanitárias e tende a ser idealista. Você acha a liberdade imprescindível e defende a liberdade dos demais também. Se a sua Lua estiver entre 0 e 9 graus de Aquário, a sua afabilidade inata é uma das suas características mais apreciadas. As pessoas reagem muito bem à sua habilidade inusitada de entrar em contato com elas. O convencionalismo não é um dos seus pontos fortes. Os seus relacionamentos serão um pouco estranhos, mas você é um bom amigo. Se a sua Lua estiver entre 10 e 19 graus de Aquário, o idealismo permeia todas as áreas da sua vida. Você quer que os seus relacionamentos de amor sejam como aqueles dos contos de fada: "e viveram felizes para sempre..." Se a sua Lua estiver entre 20 e 29 graus de Aquário, você resguarda as suas emoções bem nas profundezas e reluta em expô-las a alguém. Quando um relacionamento não corresponde ao seu idealismo, o romance passa a ser uma amizade. Você acha mais fácil lidar com amigos do que com amantes. A paixão é absolutamente necessária para todos os que têm a Lua em Aquário.

Janeiro

No início do ano você se preocupa com o modo como conduziu os negócios durante a maior parte de 2003, visando não repetir nenhum erro. A Lua Cheia em Câncer ajudará você a enxergar todas as suas forças e fraquezas emocionais. Então essa Lua pode ser bastante confortável se você conseguir ser honesto quanto aos seus sentimentos. Se você mentir para si mesmo, a Lua lembrará você de que nem tudo o que você fez será esquecido. Essa Lua é conhecida pela sua mudança de humor. A natureza aérea da Lua em Aquário aumenta o efeito desta Lua, pois você não se concentra num único trabalho. Conforme você muda de enfoque, as emoções reagem às circunstâncias e o seu humor muda. A Lua Nova em Aquário no dia 21 torna você mais imprevisível ainda. As suas tendências idealistas virão à tona nas suas decisões. Você age pretendendo que o mundo seja perfeito. Mas ele não é, e tanto lhe reserva surpresas agradáveis como desagradáveis. Você é um livre pensador de boa imaginação. Muitos considerarão os seus pensamentos inconvencionais. Você usa a intuição para ver o outro lado das questões.

Fevereiro

A Lua Cheia em Leão no dia 6 concentrará a sua atenção em você mesmo, e na imagem que você tem dos outros. Você quer que as suas ações sejam notadas e fará de tudo para atingir seu objetivo. Você não dá prioridade às suas necessidades emocionais; mas se ninguém reconhecer o que fez, fica logo emotivo. Você será muito eloqüente durante esta Lua. Como a Lua em Leão é o oposto da Lua em Aquário, ela tenderá a desafiá-lo; a sua influência fogosa adiciona energia. Pelo lado negativo, aumenta a capacidade para a zanga. Na Lua Nova em Peixes no dia 20, você pode recuperar e digerir a jornada emocional pela qual passou. Você olhará com saudade ou com remorso para os velhos tempos e desejará ou não tê-los de volta. A Lua em

Peixes é muito romântica. Tente ligar-se com o seu parceiro de vida. Revele os seus sentimentos e sinta a alegria. Não espere que o outro adivinhe os seus sentimentos. Diga-lhe como você se sente e goze a intimidade dessa ligação emocional honesta.

Março

A Lua Cheia em Virgem no dia 6 enfatiza as pessoas e a opinião pública. Júpiter em Virgem em conjunção com a Lua gera maior discernimento e criticismo do que de costume. O que essa Lua pede, isto é, analisar os detalhes da sua vida, contraria a sua natureza aérea, que não gosta de trabalho detalhado por períodos maiores de tempo. Mas a Lua em Virgem lhe dará o impulso de que você precisa para lidar com os detalhes. Caso você tenha de analisar cada uma das suas emoções ou ações, isso causará frustração. Você considerará isso uma perda de liberdade. A Lua Nova em Áries no dia 20 ajuda você a começar as atividades. Você se verá no limite. A Lua fogosa aquece os seus sentimentos. Você não fica apático, mas ao contrário, torna-se polêmico. Se você reprimir as emoções, a controvérsia aparecerá com mais freqüência. Esta Lua trará para fora tudo o que irrita ou aborrece você. Se você se deparar com uma perda de liberdade, lembre-se de que sempre terá o direito de escolher.

Abril

A Lua Cheia em Libra no dia 5 é agradável para você de muitas maneiras. Ela enfatiza a comunicação e a interação com os outros e isso você sabe fazer muito bem. Os fatores favoráveis – tranqüilidade e segurança emocional – associados à sua capacidade de comunicar-se, aumentarão o sentimento romântico dos seus relacionamentos. Aproveite essa oportunidade para analisar e compartilhar os seus sentimentos. A Lua Nova em Touro provocará algumas brigas e discussões. Você será emocionalmente agressivo.

Maio

O mês começa como uma Lua Cheia em Escorpião, que traz paixão à sua vida. Você tem muitas opções estimulantes, porém acha que ainda não está pronto para uma mudança. Convém fazer uma pausa e reavaliar a situação. Os sentimentos e emoções são mais intensos do que de costume. No dia 19 temos uma Lua Nova em Gêmeos, que influencia muito você porque estimula seus raciocínios. Você mudará de opinião com facilidade mas conseguirá fazer os outros aceitarem o seu ponto de vista. A sua personalidade no trabalho é diferente da sua personalidade em casa. No emprego, você é poderoso, persuadindo os outros a adotarem o seu ponto de vista. Em casa é muito terno e afetuoso com a família, a ponto de nem sequer parecer a mesma pessoa.

Junho

A Lua Cheia em Sagitário no dia 3 estimula a sua imaginação. Os vôos da sua fantasia serão divertidos para todos os envolvidos. A Lua em Sagitário é tipicamente despreocupada. Use essa energia para livrar-se do *stress* ocasionado pela rotina diária. A sua necessidade de liberdade será a mesma de sempre, só que raras vezes provoca um conflito. Outro bom aspecto desta Lua é que você tem fé no processo da vida. Há um clima de romance no ar. A Lua Nova em Câncer no dia 17 estimula você a plantar as sementes para o futuro. O período é bom para você sair e falar com as pessoas. Todo tipo de interação pessoal é indicado. Una-se aos amigos, dê uma festa. Mas não é uma boa hora para assumir compromissos emocionais; na verdade, qualquer tipo de compromisso.

Julho

A Lua Cheia em Capricórnio no dia 2 indica que o período será bastante solene para você. A severidade da sua Lua será ampliada pela severidade da Lua em Capricórnio, só que no sentido material; você, como a maioria das pessoas, terá de lidar com assuntos financeiros nesta Lua. Você acha que está mais disciplinado e menos esbanjador. Você investe apenas nos seus objetivos, deixando as frivolidades para outra ocasião. A Lua Nova em Leão mostra muito bem que o signo de Leão não gosta que as coisas fujam do seu controle. Às vezes você é totalmente livre e despreocupado durante essa Lua, outras vezes perde totalmente o controle das suas emoções. Tudo depende do seu nível de autoconhecimento e da intensidade das emoções represadas. Você pode sentir-se muito à vontade durante esse trânsito lunar se estiver disposto a controlar os seus sentimentos. A Lua Cheia em Aquário, que encerra o mês, é de caráter coletivo. As coisas podem deixar de funcionar, o equipamento pode quebrar, as estradas podem ficar bloqueadas, tudo isso gerando muita confusão.

Agosto

A voz popular diz que agosto é o mês do desgosto. Sim, talvez, para algumas pessoas. Para quem tem a Lua em Aquário, ele oferece os mesmos altos e baixos de sempre. A Lua Nova em Leão estimula a sua vontade de ocupar o centro do palco, de ser o centro das atenções; e para isso a auto-imagem é muito importante, bem como a auto-estima. A Lua Cheia em Peixes não permite que você encare os fatos fria e objetivamente, pois há muita sensibilidade envolvida nas emoções. Você tem tendência a idealizar as coisas e quando elas não são como você esperava, você fica muito triste e cai em depressão.

Setembro

Está na hora de você desenvolver seu talento artístico. Talvez você queira freqüentar um conservatório musical, uma academia de danças, uma academia de pintura, etc. A Lua Nova em Virgem sugere que você é ambicioso emocionalmente, mas tem um bom intelecto. O ocultismo o atrai, é perspicaz, tem ótimo tino comercial e é muito detalhista: tente neutralizar essa tendência. A Lua Cheia em Áries no dia 28 parece distanciar você das pessoas à sua volta. Por trás do seu exterior agressivo, você oculta um forte sentimento de insegurança. Inicie projetos que possam ser completados rapidamente. Por que você não doa um pouco do seu tempo a um grupo de defesa ecológica? As pessoas apreciarão a sua ajuda e ficarão motivadas pelo seu incrível entusiasmo.

Outubro

A Lua Nova em Libra no dia 13 de início não mostra toda a sua energia, pois parece se irradiar ainda de Virgem. Evite forjar novos relacionamentos. Você não aceitará muito bem ter de trabalhar nos seus relacionamentos a fim de deixá-los mais harmoniosos, mas terá de fazer isso agora, sob esta Lua. Ao harmonizar o seu relacionamento com os outros, você harmonizará o relacionamento consigo mesmo.

A Lua Cheia em Touro fará você sentir-se mais seguro e, portanto, muito mais afetuoso. Mas se você estiver se escondendo das suas emoções tenha muito cuidado durante esta Lua. Talvez você tenha de cancelar algum plano relativo a um projeto que esteja concluindo.

Novembro

Para você ser feliz neste mês, precisará de muito tato e diplomacia. São as pequenas coisas que exigirão a sua atenção. É provável que renove a amizade com um velho amigo. A Lua Nova em Escorpião afetará os seus relacionamentos. Na verdade, a energia apaixonada desta Lua permeará todas as áreas da sua vida, mas aumentará principalmente o amor e a adoração pelo seu parceiro, isso para não falar do seu desejo físico. Mesmo assim, você se pegará agindo de modo bem diferente do que havia planejado. A Lua Cheia em Gêmeos é muito comunicativa. E a interação com as outras pessoas poderá ser uma experiência muito emocionante. Desfrute da companhia das outras pessoas. Mas pergunte a si mesmo se não está sendo um pouco confuso, sensível demais ou mesquinho. Não deixe que atrasos causem descontentamento.

Dezembro

Neste mês convém você adaptar-se às condições das pessoas do seu convívio. Não assuma mais responsabilidades do que lhe compete. Receba os amigos para jantar ou tomar um lanche: afinal é uma época de festas. A Lua Nova em Sagitário no dia 11 sugere que você passe algum tempo a sós para recarregar-se de energia. Viagens e mudanças são o ponto alto do mês e você pode contar com o inesperado. A rotina será quebrada, pois surgirão muitas atividades novas, principalmente relacionadas com o Natal e Ano Novo. A Lua Cheia em Câncer revela que você terá de organizar-se para cumprir a sua programação. Você não pode evitar serviços corriqueiros, as responsabilidades domésticas exigirão a sua atenção. Feliz Ano Novo!

LUA EM PEIXES

Você é muito suscetível à experiência humana e afetuoso em relação a todas as pessoas. Mas não gosta de enfrentar os fatos objetivamente e é provável que os seus relacionamentos sejam prejudicados pela sensibilidade das suas emoções.

Você pode ser enganado pelos sentidos por causa do seu romantismo e otimismo. Você tem talento musical, poético e artístico. Essa é a posição mais psíquica da Lua, mas talvez você tenha de enfrentar obstáculos e sofrimentos para atingir os seus objetivos. Peixes é o signo do místico, do louco ou do recluso também.

UM VISLUMBRE DO ANO DE 2004 PARA A LUA EM PEIXES

Peixes é o último signo do zodíaco. É um signo feminino, de Água e é regido por Júpiter e Netuno. A Lua em Peixes lhe dá forte capacidade intuitiva. Emocionalmente, você é muito sensível. A criatividade e o senso artístico são traços que lhe trazem muitos benefícios.

Se a sua Lua estiver entre 0 e 9 graus de Peixes, você é muito intuitivo e facilmente influenciável pelas respostas emocionais dos outros. Se você for demasiado exposto às emoções negativas talvez tenha de isolar-se para se proteger. Se a sua Lua estiver entre 10 e 19 graus de Peixes, a sua empatia pelos problemas e dificuldades dos outros pode sobrecarregar você. Essa habilidade pode representar uma grande força quando usada sabiamente e com controle. Se a sua Lua estiver entre 20 e 29 graus de Peixes, você por certo já terá aprendido a confiar nos seus instintos. A informação instintiva é muito exata se você for receptivo à verdade. Você é demasiadamente sensível, facilmente influenciável e suscetível à manipulação. De fato, você é um romântico incurável.

Janeiro

A Lua Cheia em Câncer no dia 7 traz uma energia gostosa para a personalidade pisciana. Você tem a impressão de que essa Lua acrescentou um senso de segurança e forneceu uma oportunidade de olhar para dentro de si mesmo, rasteando as dificuldades emocionais. Você sempre tentará proteger as pessoas ao seu redor. Essa ajuda brota de um entendimento instintivo profundo das necessidades emocionais delas. Mas nem sempre você está aberto a essa mensagem. A Lua baixa as defesas e deixa você fazer a conexão intuitiva. A Lua Nova em Aquário coloca a sua atenção nos relacionamentos. Ela eleva as suas habilidades mentais. Você também não terá dificuldade para socializar-se numa festa, pois pode passar de um tópico para outro na conversação. As emoções aquarianas estão bem disfarçadas e só uns poucos podem vislumbrá-las.

Fevereiro

Talvez você se sinta um pouco deslocado no início do mês porque é difícil controlar o seu gênio quando está aborrecido com alguém. A Lua Cheia em Leão no dia 6 forjará a força da autoconfiança. As suas emoções serão mantidas sob controle. Embora as ligações com os outros sejam muito importantes, você se concentrará nas próprias necessidades. Há aumento de autopercepção, um sentimento de segurança e redução do *stress* emocional, graças ao seu controle sobre a vida. A Lua Nova em Peixes causará a impressão de que as suas emoções estão voltando ao normal. A sua intuição está funcionando bem e você pode fazer um *checkup* emocional. Reserve um tempo para o seu parceiro. A Lua em Peixes é ótima para o romance e é um período ideal para os momentos de intimidade. Se você fizer uma viagem, não se preocupe com as finanças. Esta Lua não enfatiza o mundo material.

Março

A Lua Cheia em Virgem no dia 6 pode ser um período de provas, pois Virgem é o oposto do seu signo natal, Peixes. Talvez você se sinta esgotado. A Lua em Virgem é de Terra, o que drena os seus reservatórios de energia. Fique consciente das suas respostas aos estímulos externos. É difícil escudar-se contra as energias negativas dos outros quando você se sente sem forças. O seu criticismo pode criar algumas dificuldades nos relacionamentos. A Lua Nova em Áries permite que você controle as emoções. Durante esse trânsito lunar você fica com vontade de enfrentar um desafio, pois talvez esteja aborrecido com as atividades corriqueiras. Inicie projetos que exijam dedicação e compromisso. A sua energia romântica está ampliada. O relacionamento com o parceiro fica mais fácil.

Abril

O mês começa com uma Lua Cheia em Libra no dia 5. As palavras-chave para esta Lua são "charme" e "personalidade". Libra é um signo aéreo e quer ver você falando com todo mundo. A sua intuição lhe dá a percepção para discernir a verdadeira mensagem dos outros enquanto os desarma com o seu charme. O problema é a sua incapacidade de se decidir. Durante a Lua em Libra há muitas opções e tempo demais para fazer uma escolha. O efeito da Lua em Libra é romântico. A Lua Nova em Touro exige paciência e cooperação. Talvez você relute em lidar com as circunstâncias que o mantêm sob a pressão de tomar uma decisão. Há muito para fazer, mas também há muito para desfrutar.

Maio

No dia 4 ocorre uma Lua Cheia em Escorpião. Essa Lua intensificará o seu magnetismo animal, que às vezes fica escondido. Ninguém deixará de notar você. Além disso, toda a atenção do parceiro será somente sua. Parte dessa atração se deve ao aumento das habilidades intuitivas. Use o seu conhecimento instintivo quando quiser saber o sentido exato das palavras ditas. A Lua Nova em Gêmeos talvez seja a menos fixa para a personalidade da Lua em Peixes. A Lua em Gêmeos acrescenta versatilidade às suas emoções. A ocasião é propícia para você comunicar-se com o parceiro. Você desejará intimidade e afeto. Tire proveito dessa chance de intimidade. Isso fará maravilhas pela sua vida amorosa.

Junho

A Lua Cheia em Sagitário acontece no dia 3. Nesta Lua de Fogo você não terá de lidar com a preocupação. Em vez disso, poderá se divertir. Um senso de conexão geral com o fluxo das coisas é importante. Você não terá força para opor-se ao sistema durante a Lua em Sagitário. Siga a direção para a qual a vida o levar. Você sempre poderá optar: no momento é mais fácil sentar-se à espera de ver a vida passar. A Lua Nova em Câncer é boa para você plantar as sementes do seu futuro. Você sentirá mais a divisão entre o seu eu interior e o exterior. Em outras palavras, você pode desejar ocultar as suas emoções e promover uma imagem baseada no ego. A comunicação se tornará muito importante.

Julho

No dia 2 acontece uma Lua Cheia em Capricórnio. Durante esta Lua você se preocupará com a segurança material, as estruturas, os assuntos práticos. Se o seu estilo de vida já for seguro, você se sentirá bem; se não for, não ficará à vontade. Persiga ativamente os seus objetivos em casa e com suas finanças pessoais. O período não favorece o namoro. Mas é favorável aos planos de aposentadoria e de desenvolvimento financeiro. A Lua Nova em Leão intensificará a sua intuição, que você deve usar ao lidar com os outros. Procure encontrar maneiras criativas de combinar trabalho com diversão. A Lua Cheia em Aquário no dia 31 encerra o mês com o desapego emocional necessário para você tirar vantagem. Você poderá resolver um problema grave com facilidade.

Agosto

Você terá de dar atenção especial a assuntos relativos à família. Terá de ser organizado e eficiente. Pode haver um problema de dinheiro. A Lua Nova em Leão no dia 15 pede que você não fuja do amor. Essa é uma grande Lua para reacender as chamas da paixão no seu relacionamento. Mostre a fogosa paixão leonina ao parceiro e ele e você ficarão felizes com o resultado. O relacionamento será pleno porque o parceiro devolverá o que receber de você. Este não é o momento de iniciar um romance que seja duradouro. A Lua Cheia em Peixes fará você concentrar-se na intuição, visto que assuntos práticos estão fora de cogitação nos próximos dias. Haverá muitas coisas que você simplesmente "sabe". Você não precisa explicar a fonte desse conhecimento, basta confiar nele.

Setembro

Para o seu bem-estar neste mês, você precisa de descanso e de algumas horas de privacidade. Em vez de envolver-se com os problemas dos outros, cuide de si mesmo. A Lua Nova em Virgem lembra você de que suas faculdades críticas poderão provocar momentos difíceis nos relacionamentos, ao passo que uma auto-análise é fácil de fazer. Você não será afetado pela verdade, boa ou má. Assim sendo, será capaz de aceitar e entender a realidade. A Lua Cheia em Áries criará certa tensão entre você e algum membro da família. Esforce-se para entender a si mesmo e aos outros. Franqueza e sinceridade são boas armas para vencer.

Outubro

No dia 13 acontece uma Lua Nova em Libra, que exercerá um efeito romântico sobre você. De todo modo, você já é um romântico, e essa Lua enfatizará esse traço do seu perfil lunar. Você tem carisma para fazer as coisas acontecerem. Escolha um local apropriado e saia com o seu amor para um passeio romântico. Antes, medite sobre as suas forças e fraquezas. A Lua Cheia em Touro no dia 28 é muito forte, acompanhada por Mercúrio, Marte e o Sol, todos por perto. Não é o momento de começar ou encerrar algo que dependa do dispêndio de muita energia. Essa Lua é lenta e metódica. O que você iniciar agora terá longa duração e influenciará a sua vida. Use essa vantagem para adotar bons hábitos.

Novembro

No dia 12 acontece uma Lua Nova em Escorpião. Como a Lua em Escorpião é uma Lua aquática, você se sentirá tão feliz como com a sua Lua natal. A diferença está na paixão. Observe as suas reações às situações emocionais durante esta Lua. A marca registrada de Escorpião é intensidade. As emoções serão mais fortes do que de costume, o que cria a oportunidade de identificar as dificuldades emocionais. A Lua Cheia em Gêmeos é voltada para a comunicação, que adquire uma nova importância. Você percebera que está muito interessado em ouvir ou ler o que os outros têm a dizer. Esse sentimento será amplificado pela sua intuição, porque você a usará para julgar a integridade das pessoas.

Dezembro

O último mês do ano em geral é dedicado às comemorações, compras, visitas, trocas de cartões natalinos. Faça tudo isso sem exageros, pois o seu bolso irá se ressentir. E atente para o sentido religioso da data. A Lua Nova em Sagitário no dia 11 trará à tona o ser extrovertido que você andou escondendo nas profundezas. Isso pode fazer você sentir-se desajeitado de início. Afinal, você se vê como alguém concentrado interiormente. Tente não ligar. Se se soltar, você pode ser a vida da festa. A Lua Cheia em Câncer encerra o ano lunar focalizando as coisas em estado de transição e que precisam ser abordadas com o uso da intuição. Você se envolverá emocionalmente nos acontecimentos. Você terá a capacidade de sentir o que os outros estão "sentindo". Você se verá às voltas com eles num nível inusitadamente intenso. Instintivamente, você compreende as necessidades das outras pessoas, o que o torna uma *persona grata* em todos os lugares.

❁ ❁ ❁

A Beleza e as Fases da Lua

Depilação de acordo com as fases da Lua

Se você quer se livrar dos pêlos do corpo, principalmente das pernas e axilas, a fase correta da Lua pode ajudá-la. Mas não espere que todos os pêlos sumam para sempre. Veja abaixo as fases ideais para a depilação.

Muito boa: Lua Minguante em Capricórnio
Boa: Qualquer Lua Minguante, menos em Leão e Virgem
Neutra: Lua Minguante em Áries e Touro
Desfavorável: Lua Crescente e Lua Minguante em Leão e Virgem
Muito desfavorável: Lua Crescente em Leão e Virgem
Se você escolher a fase certa, os seus pêlos irão demorar mais para crescer.

Luas favoráveis e desfavoráveis para a correção estética do rosto

Boa: Lua Minguante, menos em Peixes, Áries e Touro
Desfavorável: Lua Crescente
Muito desfavorável: Lua Crescente em Peixes, Áries e Touro, bem como três dias antes da Lua Cheia até a Lua Cheia propriamente dita, em qualquer signo.
Se você escolher a data certa terá: menos hemorragia e menor formação de cicatrizes, convalescença mais rápida, menor risco de complicações.
Possíveis conseqüências de escolhas incorretas: Às vezes tornam-se necessárias várias cirurgias para conseguir um resultado satisfatório. Perigo de haver dificuldades de cicatrização e mais dores.